POLYGLOTT on tour

Wien

Der Autor

Walter M. Weiss

arbeitete zehn Jahre lang als Chef-
redakteur diverser Kultur- und
Reisemagazine. Seit Anfang der
1990er-Jahre hat er als freier Autor
für zahlreiche namhafte Verlage
Reportagen und über 60 Reise- und
Sachbücher geschrieben. Zu seinen
Themenschwerpunkten gehört
neben der Islamisch-Arabischen
Welt und der Kulturgeschichte Mit-
teleuropas insbesondere auch seine
Heimatstadt Wien.

Reiseplanung

Land & Leute

Unterwegs in Wien

Die Innere Stadt 54

Der alte Stadtkern Wiens, den die Ringstraße begrenzt, bildet den Kern jeder Stadterkundung. In diesem 1. Bezirk reihen sich die Museen und Sehenswürdigkeiten wie Perlen an einer Kette. Entdecken Sie Stephansdom, Hofburg, Albertina, Museums-Quartier und vieles anderes mehr.

Im Wiental 84

Das Tal der Wien bildet schon seit dem 19. Jh. eine kulturelle Hauptachse der Stadt. Zu den zahlreichen Museen gesellen sich Meilensteine der Architekturgeschichte sowie das prachtvolle Schloss Belvedere und das weltberühmte Schönbrunn.

Echt gut!

Karten

Reiseplanung

Die Stadtviertel im Überblick

Mittelalterliche Gässchen, verträumte Hinterhöfe und barocke Paläste, Riesenrad, Stephansdom, dazu Kaffeehaus und Opernball, Fiaker und Handkuss, sowie eine Prise Zentralfriedhof und schaurig-schöne Kapuzinergruft – wenn von Wien die Rede ist, herrscht an Klischees kein Mangel. Und doch ist die Feststellung »Wien ist anders«, mit der die Stadt seit vielen Jahren in unterschiedlichen Varianten um Gäste wirbt, mehr als ein flotter Slogan. Wer fremd ist in der Stadt, findet sich aufgrund zweier »Ringe«, der Ringstraße und dem Gürtel, rasch recht gut zurecht. Die Bezirke sind in zwei Kreisen jeweils im Uhrzeigersinn, von 1–9 und 11–22, gruppiert. Nur der 23. fällt deutlich aus diesem Schema.

Die wichtigsten Sehenswürdigkeiten befinden sich in der **Inneren Stadt,** die damit Kern jeder Wienbesichtigung ist. Hier finden sich u.a. der Stephansdom und die Hofburg. Das MuseumsQuartier, ein neues, riesiges Kulturareal, liegt, von der Hofburg nur zwei Gehminuten entfernt, ein wenig außerhalb. Auch entlang des **Wientals** reihen sich etliche der wichtigen Kunsttempel der Stadt auf, dazu der Naschmarkt und etwas abseits Schloss Belvedere; im Westen findet man Schloss Schönbrunn. Im **Osten** des Stadtgebiets erstreckt sich der berühmte Prater, nicht nur ein Rummelplatz, sondern auch eine weitläufige Auen- und Parklandschaft mit guten Freizeitangeboten. Im **Nordwesten** lohnt ein Besuch des Wienerwalds. Und auf kaum einem Besuchsprogramm wird einer Heurigenvororte wie z.B. **Grinzing** fehlen.

Die Metropole Mitteleuropas

Die alte Kaisermetropole straft ihre eigene Vergangenheit tatsächlich Lügen. Auferstanden aus der Tristesse der Nachkriegsära, erstrahlt sie heute wieder in ungeahntem Glanz. Die Innenstadt erinnert gar an ein – freilich höchst lebendiges – Freilichtmuseum.

Ihre erste Verwandlung erlebte die Stadt in den späten 1970er- und frühen 1980er-Jahren. Damals erhielt sie die U-Bahn und eine weitläufige Fußgängerzone sowie entlang der Neuen Donau ein 22 km langes Bade- und Freizeitparadies. Entfacht vom ehemaligen Bundeskanzler Bruno Kreisky, wehte ein frischer Wind durch Amtsstuben und Denkwerkstätten. Die Ökologiebewegung entstand, eine lebhafte Bar- und Beislszene und eine Alternativkultur, die den arrivierten Honoratioren der Kunst wirkungsvoll den Kampf ansagte. Und in den funkelnagelneuen Glastürmen am nördlichen Donauufer bezog die UNO ihr Quartier, deren Beamte der Stadt ein ungewohnt kosmopolitisches Flair verleihen.

Die zweite Modernisierungsphase setzte 1989 ein, als sich 60 km weiter östlich überraschend der Eiserne Vorhang hob. Plötzlich fand sich Wien in einer Rolle, die es in diesem Jahrhundert schon einmal besetzt hatte: Mittelpunkt Zentraleuropas und Relaisstation zwischen Ost und West. Und es scheint, als hätten die Wiener ihre historische Chance erkannt. Allerorten wird Altes renoviert und Neues errichtet. Moderne Hotels, Museen, Bürokomplexe und an der Peripherie ganze Wohnbezirke schießen wie Pilze nach dem Regen aus dem Boden.

Freilich haben die Wiener ihre Eigenheiten und Strategien zur Lebensbewältigung nicht über Bord geworfen. Ein bisschen gemächlicher als anderswo – »pomali«, wie es im hiesigen Dialekt heißt – geht es hier nach wie vor zu. Die Suppe wird nicht so heiß gegessen wie gekocht; und eine gewisse Provinzialität, vermengt mit einem Schuss Verschrobenheit und balkanischer Freude am Mauscheln und Feilschen, verleiht der Stadt die speziell wienerische Würze. Aus dieser Haltung ziehen auch die Gäste Nutzen: Die Verbrechensrate ist so niedrig wie in kaum einer anderen Millionenstadt. Und es haben sich merkwürdige Inseln in der Zeit erhalten, die jeden Besucher begeistern: Kaffeehäuser, Heurige, Wienerwald-Meiereien …

Zum Himmel empor reckt sich der schlanke Turm des gotischen Stephansdoms

Die schönsten Touren

Ein Wochenende in Wien

Staatsoper › Hofburg › Stephansdom › Ring › Wien Museum ›
Belvedere › Schönbrunn › Wienerwald › Grinzing

Distanzen:

Die Strecke von der Staatsoper über Hofburg und Stephansdom
bewältigen S++ie gut zu Fuß an einem Vormittag, wenn man die
Besichtigungen einrechnet. Der Nachmittag ist dann für den
Spaziergang über den Ring vorgesehen. Der zweite Tag ist dem
Wienflusstal mit seinen zahlreichen Museen und den Schlössern
Belvedere sowie Schönbrunn gewidmet. Für einen der Abende
bietet sich der Ausflug zu den Heurigenlokalen in Grinzing an.

Verkehrsmittel:

Die meisten Sehenswürdigkeiten dieser Strecke können Sie – gutes
Schuhwerk vorausgesetzt – erlaufen oder aber kleine Abkürzungen
mit der U-Bahn nehmen. Vom Belvedere nach Schönbrunn nehmen Sie am besten die U 4 ab Landstraße/Wien Mitte Richtung
Ober St. Veit und steigen am Halt Schönbrunn aus. Die Wienerwald-Fahrt funktioniert mit dem Pkw oder notfalls mit dem Öffi-
Bus 38 A (ca. 30 Min.). Auch Grinzing ist per Bus mit der Linie
38 A von der U-Bahnstation »Heiligenstadt«, Linie U 4, erreichbar.

Die Donaumetropole und ihre unverzichtbaren Sehenswürdigkeiten
für Eilige – kennengelernt auf drei innerstädtischen Streifzügen zu Fuß
plus zwei, drei Kurzausflügen an die Peripherie: Der erste Spaziergang
sollte gleich Samstag morgens ins **mittelalterliche Stadtherz** führen.
Von der ****Staatsoper** (› S. 56) gelangt man über die Augustinerstraße,
vorbei an Albertina und Augustinerkirche zum Josefs- und weiter auf
den Michaelerplatz, von wo man einen Abstecher in die Innenhöfe der
***Hofburg (› S. 62) unternimmt. Über Kohlmarkt und Graben, die
luxuriösesten Ladenstraßen der City, bummelt man durch die Fußgängerzone zu Wiens Mittelpunkt, dem gotischen *****Stephansdom**
(› S. 72), erkundet dessen Inneres, erklimmt seinen Turm, erblickt
Wien von oben und wandert schließlich weiter ostwärts. Durch ein
Labyrinth enger Gässchen erreicht man den Seipel-Platz. Über den
Fleischmarkt führt der Weg nun westwärts ins ehemalige Judenviertel.

Dank der vielschichtig abgestuften Dächer wirkt die Silhouette des Oberen Belvedere sehr bewegt

Über »Hof« und Freyung kommt man durch das Palais Ferstel in die Herrengasse, die, gesäumt von zahlreichen schönen Adelspalästen, schnurgerade zurück zur Oper führt.

Anfangspunkt für den nachmittäglichen Spaziergang über Wiens Prachtstraße, den »**Ring**« (❯ S. 66), ist das direkt an der Mündung des Wienfluss in den Donaukanal gelegene Volksbildungshaus, genannt Urania. Besucher mit Zeitnot, beginnen ihre Ringpromenade auf halbem Weg, bei der Oper. Doch auch im östlichen Halbkreis warten mit Otto Wagners Postsparkasse, dem Museum für Angewandte Kunst und dem Stadtpark bereits echte Highlights. Schlag auf Schlag folgen dann die architektonischen »Must Sees« westlich der Oper: Natur- und Kunsthistorisches Museum, Heldenplatz mit Neuer Burg, Parlament, Burgtheater, Rathaus, Universität, Votivkirche, Börse... Zwischendurch sollte man immer wieder ein paar Schritte in die angrenzenden, pracht-vollen Parkanlagen tun, dann bleibt der Stadtrundgang auch erholsam.

Einen Hauptnervenstrang des Wiener Kulturlebens bildet der zentrumsnahe – in diesem Abschnitt weitgehend überbaute – Teil des **Wienflusstales**. Zwischen Naschmarkt und Stadtpark reiht sich Musen-tempel an Musentempel. Dazwischengestreut findet sich so mancher architektonische Juwel. Gleich zu Beginn dieser Route, vis-à-vis der U4-Station Kettenbrückengasse, sind die Prachtfassaden der beiden Jugendstil-Wohnhäuser von Otto Wagner zu beachten. Gleichfalls an der Linken Wienzeile folgen wenig später Theater an der Wien und Secession. Auf dem nahen Karlsplatz zu besichtigen sind Künstlerhaus, Musikvereinsgebäude, Karlskirche und, von außen unansehnlich, aber innen hoch interessant, das *Wien Museum (❯ S. 92). Von hier ist es nicht weit zum **Belvedere (❯ S. 94), dem Sommerschloss des »Türkenbezwingers« Prinz Eugen, das als einer der schönsten Barock-bauten der Welt gilt und kostbare Kunstsammlungen beherbergt.

Unverzichtbar für jeden Wien-Reisenden ist der Besuch ***Schön-brunns** (> S. 98), der Sommerresidenz der Habsburgerkaiser. Eine Führung durch die Schauräume ist »Pflicht«, der zugehörige älteste Zoo der Welt ein weiteres Highlight.

Zum klassischen Kurzprogramm gehört eine Wienerwald-Fahrt über die **Höhenstraße** zum Cobenzl oder auf den Kahlenberg. Die Aussicht auf Stadt, Strom und Wiener Becken entschädigt für die etwa halbstündige Anfahrt. Abends steht die Einkehr in einem der unzähligen **Heurigen** auf dem Programm. Am berühmtesten, aber leider auch häufig recht überlaufen, sind die Lokale in ****Grinzing** (> S. 124).

Durch die Vorstadt

Schuberts Geburtshaus > Liechtenstein Museum > Sigmund-Freud-Museum > Spittelberg > Museumsquartier

Dauer:
Je nachdem wie viele Museen Sie besuchen, können Sie diese Tour in 3–4 Std. absolvieren, aber auch auf 1 bis 2 Tage ausdehnen.

Besondere Hinweise:
Da diese Tour mit zahlreichen Museen bestückt ist, sollte man sie nicht an einem Montag machen. Lediglich im MuseumsQuartier sind dann fast alle Einrichtungen geöffnet.

Mit der über weite Strecken bis heute biedermeierlich geprägten westlichen Vorstadt, den Bezirken neun bis sieben, macht dieser Spaziergang bekannt. Er beginnt stilecht in **Schuberts Geburtshaus** (> S. 97) in der Nussdorfer Straße und führt danach erstmal ins ****Liechtenstein Museum** (> S. 67), ein atemberaubend prächtiges Gesamtkunstwerk aus der Barockzeit. Über die durch Heimito von Doderer literarisch verewigte Strudlhofstiege gelangt man in Wiens **Medizinerviertel:** das Josephinum mit seinen Wachspräparaten, das Alte Allgemeine Krankenhaus (heute Uni-Campus mit bunter Lokalszene) und das **Sigmund-Freud-Museum** (> S. 113) sind hier die wichtigsten Stationen. Weiter schlendert man, vorbei an der Piaristenkirche und dem Theater an der Josefstadt bis auf den **Spittelberg** (> S. 70). Der verströmt mit seinen von putzigen Fassaden gesäumten Gässchen noch das authentische Flair des frühen 19. Jhs. Den hypermodernen Abschluss bildet das ****Museums-Quartier** (> S. 69), in dessen Kunstsammlungen, Veranstaltungsräumen und Innenhöfen man sich Stunden um Stunden verlustieren kann. Auch Kids (Kindertheater und -museum) werden hier ihre Freude haben.

Rundfahrt per Schiff

Schwedenplatz › Reichsbrücke › Schwedenplatz

Dauer:
ca. 3,5 Std. (Auch die Hälfte der Tour bis Reichsbrücke ist möglich.)

Besondere Hinweise:
Der Preis für die Fahrt beträgt pro Person 18 Euro; Abfahrtszeiten ab Schwedenplatz 10.30, 11.30, 12.30, 14, 15 Uhr, ab Reichsbrücke 12.30, 13.30, 14.30, 16, 17 Uhr. Restaurant an Bord.

Eine ungewohnte, jedoch ebenfalls sehr reizvolle Perspektive auf Wien eröffnet eine Panoramafahrt auf **Donau** und **Donaukanal** (› S. 118). Dabei umrundet man an Bord eines modernen, komfortablen Ausflugs-schiffes, die gemeinsam eine Insel bildenden Bezirke 2 und 20. Zwei Startplätze stehen zur Wahl: die Reichsbrücke und der Schwedenplatz. Von Letzterem, dem zentraler gelegenen, folgt die Route dem Donau-kanal abwärts. Man passiert zunächst die **Urania** (› S. 116), einer Anfang des 19. Jhs. von Max Fabiani erbauten Sternwarte, später das

Wien vom Wasser aus: bequem und mit toller Aussicht

KunstHausWien (❯ S. 114) und die **Gasometer City,** ein spektakuläres Beispiel zeitgenössischer Architektur. Vorbei an Grün- und Gewerbeflächen erreicht man den Hauptstrom und mit ihm das Kraftwerk Freudenau. Nachdem dessen Schleuse überwunden wurde, sieht man linker Hand die **Buddhistische Pagode** – übrigens Europas älteste –, das **Ernst-Happel-Stadion,** wo im Sommer 2008 das Finale der Fußball-EM stattfand, und schließlich das **Riesenrad** (❯ S. 109) sowie die **Franz-von-Assisi-Kirche** auf dem Mexikoplatz. Hier legt das Schiff an, um Passagiere ein- und aussteigen zu lassen. Vis-à-vis recken sich die Glastürme der **UNO-City** (❯ S. 119) und der ihr benachbarten neuen, architektonisch teilweise sehr interessanten Büro- und Wohnhäuser himmelwärts.

Weiter geht es stromaufwärts, vorbei am 202 m hohen Milleniumstower (links) und dem Donauturm (252 m; rechts). Nach dem Linksschwenk zurück in den Donaukanal passiert man die um 1900 von Otto Wagner errichtete Nußdorfer Schleuse. Es folgt ein weiteres Baudenkmal Hundertwasser`scher Prägung: das Fernheizwerk Spittelau. Daneben steht, ebenfalls rechter Hand, der britisch anmutende Backsteinbau der Rossauer Kaserne, heute Sitz der Wiener Polizei. Kurz vor der Endstation kommen Wiens erster Wolkenkratzer, der Ringturm, und wenig später die Ruprechtskirche, Wiens ältestes Gotteshaus, in Sicht.

Touren und Ausflüge

Touren in der Stadt	Stadtviertel	Dauer	Seite
Das imperiale Wien	Westliche Innenstadt	ca. 3–4 Stunden	56
Das mittelalterliche Wien	Innenstadt	mind. ½ Tag	72
Das Untere Wiental	Wiental	½–1 Tag	86
Schönbrunn und der Westen	Westen	½–1 Tag	98
Prater und östliche Bezirke	Osten	½–1 Tag	109
Grinzing, Heiligenstadt und die Wiener Hausberge	Nordwesten	½ Tag	124
Ausflüge	**Lage**	**Dauer**	**Seite**
Klosterneuburg	Nordwesten	½–1 Tag	131
Thermen und Wein	Südwesten	je ½ Tag	134
Baden und Umgebung	Südwesten	1–2 Tage	135
Laxenburg	Süden	½ Tag	136
Carnuntum	Osten	1 Tag	137

Klima und Reisezeit

Nicht nur in geografischer, auch in klimatischer Hinsicht liegt Wien in einem Übergangsraum. Während im Westen noch eher das feuchte, mitteleuropäisch-kontinentale Wetter vorherrscht, macht sich im Süden und Osten bereits der niederschlagsarme pannonisch-kontinentale Einfluss bemerkbar. In den Bezirken am Rand des Wienerwalds regnet es im Jahresmittel 800 mm, im Marchfeld und jenseits des Laaer Bergs hingegen nur 575 mm.

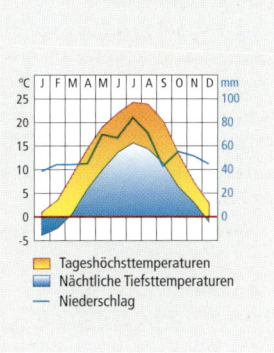

Auch steigt die Quecksilbersäule im Osten an ca. 55 Tagen im Jahr über 20 °C, im Westen nur an 35. Alles in allem ist das Klima jedoch relativ milde.

Einziger Wermutstropfen: der fast ständig wehende Wind. Er fördert zwar die starke Durchlüftung, aber auch Staubbildung und Austrocknung, und im Winter vermittelt er das Gefühl eisiger Kälte.

Als beste Reisezeit empfehlen sich Spätfrühling und Herbst. Im Mai und Juni, wenn – wie ein Wienerlied schwärmt – »im Prater wieder die Bäume blühn«, warten auf Kunstenthusiasten die Wiener Festwochen. Und im September/Oktober setzt das Kulturleben nach der Sommerpause wieder voll ein. Noch vor einigen Jahren herrschte im Sommer eine Flaute. Heute sorgen zahlreiche Veranstaltungen – vom Klangbogen bis zum Tanzfestival – auch im Juli/August für gutes Angebot.

»Im Prater blühn wieder die Bäume« und das Riesenrad dreht seine Runden

Anreise

Per Flugzeug

Der Flughafen Schwechat liegt 19 km östlich des Stadtzentrums. Expressbusse verkehren von 4.30 bis 0.30 Uhr alle 30 Min. zum Süd- und Westbahnhof (6 €) und alle 90 Minuten auch zu UNO-City und zum Schwedenplatz. Preisgünstig ist auch die Flughafen-S-Bahn (S 7, Abfahrt alle 30 Min.); Fahrzeit von Wien Mitte/Landstraße–Flughafen – Wien Nord/Praterstern: ca. 30 Min., 3,40 €. Der City Airport Train verkehrt halbstündig vom Flughafen zum Bahnhof Wien Mitte in 16 Min. (9 €). Mit dem Taxi kostet die Fahrt ins Zentrum 17 bis 28 €.

Per Bahn

Mobilität-Callcenter der ÖBB, Ankunft und Buchung, Tel. 05 17 17. Am West- und Südbahnhof befinden sich Reisebüros mit Zimmervermittlung.

Per Auto

Auf Österreichs Autobahnen besteht Mautpflicht. Die Vignette sollte man sich schon zu Hause (beim ADAC oder TCS) oder an grenznahen Tankstellen kaufen, spätestens aber an der Landesgrenze. Es gibt sie für Pkws für 10 Tage (7,70 €), zwei Monate (22,20 €) und ein Jahr (73,80 €).

Auf den Autobahnen gilt ein Tempolimit von 130 km/h, auf Landstraßen 100 km/h, in Ortsgebieten 50 km/h. Die österreichischen Automobilklubs ÖAMTC und ARBÖ geben, wie auch Radio Ö 3, Informationen über den Verkehrszustand (Tel. 15 90). Autofahrer müssen den nationalen Führerschein, den Fahrzeugschein und ein Nationalitätskennzeichen (D, CH) mitführen, ferner Apotheke, Pannendreieck und Warnweste (im Fahrzeuginnenraum!). Es gilt die 0,5-Promille-Grenze.

… oder auch per Fiaker

Die Stadtbahnstation Karlsplatz von Otto Wagner im Jugendstil erbaut

Stadtverkehr

Mit dem Auto

In Kurzparkzonen, die beschildert und mit blauen Bodenmarkierungs-streifen gekennzeichnet sind (Bezirke 1–9, 20) sowie in den meisten Innenstadtbezirken ist das Parken – neuerdings bis 22 Uhr – nur mit Parkscheinen für die Dauer von maximal zwei Stunden gestattet. Park-scheine gibt es bei den Verkaufsstellen der Wiener Verkehrsbetriebe, in allen Tabaktrafiken und in Tankstellen sowie Banken. Entwertet werden sie, indem man Jahr, Monat, Tag und Uhrzeit anzeichnet.

Per Taxi

Taxiruf, Tel. 601 60, 313 00, 814 00 oder 401 00. Grundpreis 2,50 € plus Kilometerpreise (je nach Streckenlänge max. 1,20 €. Außerhalb der Stadt wird der Preis frei vereinbart.

Mit öffentlichen Verkehrsmitteln

Wien verfügt über fünf **U-Bahn-Linien** (U 1, 2, 3, 4 und 6). Die **Schnell-
bahnen** dienen v.a. der Verbindung zum Umland. Sehr dicht ist das
Netz der **Straßenbahnlinien** und **Bussen**. Fahrbetrieb aller »Öffentlichen«: ca. 5–0.30 Uhr. Zwischen 0.30–4.30 Uhr verkehren halbstünd-
lich vom Schwedenplatz **Nachtbusse** in alle Bezirke (gültig mit Tages-
fahrschein, 1,70 €). Alle Fahrkarten berechtigen zum Fahren auf dem
gesamten Streckennetz des Stadtgebiets (Zone 100). Fahrkarten gibt es
einzeln oder im Block zu 5 oder 10 Stück à 1,70 €. Sie müssen müssen
vor Antritt der Fahrt entwertet werden. Einzelfahrscheine im Bus und
in der Straßenbahn (in Münzautomaten) kosten 2,20 €. Mit der **Wien-
Karte** kann man 72 Stunden alle öffentlichen Verkehrsmittel benutzen
und erhält bei vielen Sehenswürdigkeiten Ermäßigung. Sie kostet 18,50 €.
Kreditkarteninhaber können sie bereits zu Hause unter Tel. 798 44 00-28
bestellen. Eine **24-** bzw. **72-Stunden-Netzkarte** ohne sonstige Vergüns-
tigungen kostet 5,70 bzw. 13,60 €. Infos über das Fahrkartenangebot bei
den Tourist-Informationen, Tabaktrafiken und Vorverkaufsstellen, Tel.
08 10/22 23 24 sowie unter www.vor.at.

Wien vom Fahrradsattel aus

Fußschonend ist die Erkundung der Stadt per Drahtesel auf eigene
Faust oder im Rahmen geführter Touren. Infos, Buchung und Verleih
bei **Pedal Power** (2., Ausstellungsstraße 3, Tel. 729 72 34, office@pedal
power.at); weitere Verleihstellen entlang der Donauinsel und an den
Bahnhöfen. Eine Alternative sind die **Citybikes** – an 54 von der Stadt
eingerichteten Bikestationen beliebig stunden- oder tageweise zu ent-
leihen und wieder abzustellen, minimale Anmelde- und Leihgebühren.
Infos: Tel. 08 10/50 05 00, www.citybikewien.at oder Pedal Power.

Garten und Schlösser gehen im Belvedere eine harmonische Einheit ein.

Mit Kindern in der Stadt

Eltern aufgepasst: In Wien braucht man sich wahrlich nicht darum sorgen, ob die Kinder beschäftigt sind! Denn ob einschlägige Theater oder Museen, spezielle Erlebniswelten oder Begegnungen mit Tieren – das auf die Bedürfnisse des Nachwuchs zugeschnittene Kultur- und Freizeitangebot ist riesengroß. Diesbezüglich zentrale Informationsstelle ist das im Fürstenhof des MuseumsQuartier (MQ) eingerichtete Büro der **wienXtra-Kinderinfo** (Tel. 40 00/844 00, Di–Do 14–19, Fr–So, Fei 10–17 Uhr, www.kinderinfowien.at). Während die Kinder durch die Spiellandschaft klettern, kraxeln und rutschen, können Papi und Mami aus einem reichen Sortiment an aktuellen Programmbroschüren und Flyern wählen oder das Team persönlich um Rat fragen.

Über Organisationen, die Urlaubsaufenthalte für Kinder veranstalten, sowie über Freizeitangebote und Veranstaltungsprogramme von Sport bis Kultur informiert auch die **wienXtra-Jugendinfo**, Tel. 17 99 (1., Babenbergerstr. 1/ Ecke Burgring, Mo–Sa 12–19 Uhr, www.wienxtra.at).

Im Hotel mit Kindern

Die meisten Unterkünfte bieten so genannte Familienzimmer an. Das sind große, zusätzlich mit einem Gitterbett oder aufklappbaren Sofa bestückte Doppelzimmer, die nur wenig mehr kosten, als bei der Benützung durch ein Paar. Ein solches Angebot gilt meist für Kinder bis zwölf; der Nachwuchs unter sechs Jahre übernachtet vielerorts gratis.

Ebenfalls im MuseumsQuartier befindet sich das **ZOOM Kindermuseum**, wo die Kids bei Mitmachausstellungen und Workshops, im Multimedialabor und im Atelier aktiv werden können und auf die Allerkleinsten eine ozeanische Fantasiewelt wartet.

Und nebenan hat zudem das **Dschungel Wien** seine Pforten geöffnet, ein Theaterhaus für Kinder, das sich als Zentrum für darstellende Kunst für 4–13-Jährige versteht.

■ **ZOOM Kindermuseum**
MQ, 2. Hof (Zugang von der Mariahilfer Straße)
www.kinderinfowien.at
Alle Programme mit fixen Öffnungszeiten, Reservierung obligat:
Tel. 524 79 08.

■ **Theater Dschungel Wien**
MQ, 2. Hof, Tel. 522 07 20-20,
www.dschungelwien.at

Es gibt in Wien daneben eine ganze reihe weiterer Bühnen, die Programme für Kinder bieten:

■ **Märchenbühne Der Apfelbaum**
7., Kirchengasse 41
Tel. 23 17 29
■ **Narrenschloss**
11., Gugglgasse 12/Gasometer Mall
Tel. 748 50 72
■ **Puppentheater Lilarum**
3., Köllnergasse 8
Tel. 710 26 66
■ **Renaissancetheater**
7., Neubaugasse 38
Tel. 521 10-0
www.tdj.at
■ **Urania Puppenspiele**
1., Uraniastr. 1
Tel. 71 26 19-0

■ **Marionettentheater**
Tel. 817 32 47
www.marionettentheater.at
■ **Kindermuseum im Schloss Schönbrunn**
Tel. 811 13-239
Sa, So, Fei 10–17 Uhr, zu Ferienzeiten tgl. Themenführungen!

Begeistertes Echo verspricht natürlich der Besuch im dortigen **Tiergarten** (❯ S. 100; Wüsten- und Palmenhaus nicht vergessen!). Erlebnisse mit Tieren bieten auch das interessante **Haus des Meeres** (6., Flakturm am Esterházypark; tgl. 9–18 Uhr, Tel. 587 14 17) und das **Schmetterlingshaus** im Burggarten (Mo–Fr 10–16.45, Sa, So, Fei bis 18.15, Winter bis 15.45 Uhr).

Plantschen, Schwimmen, Bootfahren und andere Sportarten betreiben kann man herrlich entlang der **Alten** und **Neuen Donau** (❯ S. 118).

Viel gejauchzt wird im **Wurstelprater** zu Füßen des berühmten Riesenrades. Gleich um die Ecke und immer einen Besuch wert: Wiens **Planetarium** (Tel. 729 54 94-0, www.planetarium-wien.at) und das **Kinderkino Cinemagic** (Tel. 586 43 03, www.cinemagic.at).

In der 6000 m² großen »Stadt der Kinder« namens **Minopolis** schlüpfen 4–12-Jährige spielerisch in über 100 verschiedene Rollen berufstätiger Erwachsener. Ein ebenso erlebnis- wie lehrreicher Tag ist hier garantiert. (21., Wagramer Str. 2, Tel. 08 10 97 02 70, www.minopolis.at).

Unterkunft

Hotelreservierung

In der Hauptsaison ist rechtzeitiges Reservieren dringend zu empfehlen. Ein aktuelles Verzeichnis aller Hotels und Pensionen können Sie kostenlos über die austria. info in Ihrem Heimatland beziehen (❯ S. 139). Vor Ort hilft Ihnen die Zimmervermittlung der Tourist-Information (❯ S. 139). Zur Erklärung der Preissymbole ❯ Umschlag.

Sachertorte: das Original

🖢 Zahlreiche Hotels bieten ihre Zimmer auch bei Internetdienstleistern wie www.booking.com oder www.hrs.com an, wo die Preise zum Teil deutlich abweichen können und nicht selten günstiger sind.

Luxushotels

■ **Imperial**
1., Kärntner Ring 16, Tel. 501 10-0
www.luxurycollection.com/imperial
Unbestritten erste Adresse der Stadt, an der offiziell Staatsgäste und Stars abzusteigen pflegen. ●●●

■ **Sacher**
1., Philharmonikerstr. 4, Tel. 514 56
www.sacher.com
Ähnlich hoher Bekanntheitsgrad, nicht zuletzt dank seiner Schokoladentorte. ●●●

■ **Radisson SAS Palais Hotel**
1., Parkring 16, Tel. 515 17-0
www.radissonsas.com
Durch Umbau zweier stattlicher Ringstraßenpalais aus der Gründerzeit entstand dieses Fünf-Sterne-Juwel, das alle Finessen eines Großhotels hat. ●●●

König von Ungarn
1., Schulerstr. 10, Tel. 515 84-0
www.kvu.at
Gediegenes, intimes Vier-Sterne-Haus mit glasüberdachtem Innenhof; eine Gehminute vom Stephansdom. ●●●

■ **Imperial Renaissance Vienna Hotel**
3., Ungargasse 60, Tel. 711 75-0
www.marriott.com
Nagelneues, architektonisch reizvolles Großhotel in postmodernem Schick, 10 Straßenbahnminuten von der Ringstraße entfernt. ●●●

■ **Wandl**
1., Petersplatz 9, Tel. 534 55-0
www.hotel-wandl.com
Traditionsreiches, familiengeführtes Hotel in einem Haus aus dem 17. Jh. Erschwinglich und in optimaler Lage in der Inneren Stadt. ●●●

Die schicksten Hotels

■ **The Ring**
1., Kärntner Ring 8, Tel. 221 22
www.theringhotel.com
Denkbar zentral vis-à-vis der Oper gelegen, exquisiter Service, Top-Ausstattung, farblich nobles und zugleich sehr originelles Ambiente mit künstlerischem Flair, großzügiger Spa- und Fitnessbereich. ●●●

■ **Le Meridien**
1., Opernring 13–15, Tel. 588 90-0
www.lemeridien.com/vienna
Ringstraßenhotel des 21. Jhs: historische Schale, hypermoderner Kern – ein Fest für Designfans, puristisch gestylte Zimmer, eigenwilliges, farbintensives Lounge-Restaurant, Chill Out-Bar als Szene-Treff. ●●●

■ **The Levante Parliament**
8., Auerspergstr. 9, Tel. 22 82 80
www.thelevante.com
Hightech-Ausstattung meets extravagantes Künstler-Design (Glasobjekte in Restaurant und Bar!); dazu Fünf-Sterne-Komfort und Gartenoase im Innenhof. ●●●

■ **Style Hotel**
1., Herrengasse 12, Tel. 22 78 00
www.stylehotel.at
Sehr ansprechende Stilmelange aus Wiener Tradition und italienischem Schick; Top-Service und -komfort. ●●●

■ **Das Triest**
4., Wiedner Hauptstr. 12
Tel. 58 91 80
www.dastriest.at
Vom britischen Designerpapst Terence Conran sorgsam in ehemalige Pferdeställe der k. u. k. Post eingepflanzte Fünf-Stern-Bleibe, häufig von Pop- und Medienstars frequentiert. ●●●

■ **Rathaus**
8., Lange Gasse 13, Tel. 400 11 22
www.hotel-rathaus-wien.at
Von Grund auf neu gestaltetes, sehr schickes Vier-Sterne-Haus mit dem Schwerpunkt »Wein & Design«. Mit Edeltropfen verschiedener Top-Winzer in jedem Zimmer, Weinlounge und -shop. Inmitten des Szene-Bezirks Josefstadt. ●●●

Mittelklassehotels

■ **Zur Wiener Staatsoper**
1., Krugerstr. 11, Tel. 513 12 74
www.zurwienerstaatsoper.at
Frisch renoviertes Innenstadtquartier, in dem, nomen est omen, gern Sänger der nahen Oper absteigen. ●●

Preiswerte Hotels

■ **Strandhotel Alte Donau**
22., Wagramer Str. 51, Tel. 204 40 40
www.alte-donau.at
Nettes Familienhotel mit eigenem Strandbad und Liegewiese. ●●

■ **Kugel**
7., Siebensterngasse 43
Tel. 523 33 55, www.hotelkugel.at
Tadelloser Komfort, in einem der quirligsten Einkaufsviertel gelegen. ●●

■ **Stadthalle**
15. Hackeng. 20, Tel. 982 42 72
www.hotelstadthalle.at
Neues, sehr familiär und umweltgerecht geführtes Haus Nähe Westbahnhof, grüner Innenhof, eigene Werkstatt und Garage für Radfahrer. ●

Pensionen

■ **Arenberg**
1., Stubenring 2, Tel. 512 52 91
www.arenberg.at
Der Rolls-Royce unter den Pensionen: plüschig-elegant und gut gelegen. ●●●

■ **Haydn**
6., Mariahilfer Str. 57–59
Tel. 587 44 14-0
www.haydn-hotel.at
Gutbürgerliche Herberge. In nur 10
Gehminuten erreichen sie von hier aus
das Zentrum. ●●

Jugendherbergen

Unter den neun ganzjährig ge-
führten Jugendherbergen sind
folgende besonders zu empfehlen:
■ **Schlossherberge**
am Wilhelminenberg
16., Savoyenstr. 2, Tel. 481 03 00
www.hostel.at/shb
Feudales Ambiente mit Stadtblick. Alle
Zimmer sind mit Dusche und WC ausgestattet, manche sogar mit Terrasse. ●

■ **Hostel-Hütteldorf**
13., Schlossberggasse 8
Tel. 877 15 01, www.hostel.at/jgh
Für Ruhebedürftige, angenehme Lage
im Grünen am Rand des Lainzer
Tiergartens. Buchen Sie frühzeitig! ●

Campingplätze

■ **Wien West I + II**
14., Hüttelbergstr. 80
Tel. 914 23 14][Fax 911 35 94
März bis Jan. (8 km vom Zentrum)
■ **Camping Neue Donau**
22., Am Kleehäufl
Tel. 202 40 10][Fax 202 40 20
April bis Mitte Sept. (4 km vom Zentrum)
■ **www.campingwien.at**
Infos über alle Wiener Campingplätze,
Möglichkeit zur Online-Reservierung.

Essen und Trinken

Restaurants

Essen gehen ist in Wien ein Vergnügen, denn die Wiener Küche
ist von hoher Qualität und zudem
von beträchtlichem Ideenreich-
tum. Vergessen Sie nicht, auch
Kaffeehäuser, Heurige und Szene-
Bars ausgiebig zu besuchen, denn
in Wien gibt es für jede Tageszeit
(und jeden Geldbeutel) das geeig-
nete Lokal. Weitere Restaurants,
Kaffeehäuser, Beisl und Bars finden Sie im Reiseteil dieses Bandes
in die Wege eingestreut.

Luxusrestaurants

■ **Meinl am Graben**
1., Am Graben 19, Tel. 532 33 34-6000
Mo–Sa 8–24 Uhr

Ein Stockwerk oberhalb von Wiens mit
Abstand best sortiertem Delikatessen-
geschäft, zelebriert Küchenchef und
Drei-Hauben-Koch Joachim Gradwohl
kulinarische Hochämter vom Aller-
feinsten. Reservieren Sie am besten
die Fenstertische mit Blick auf den
Graben! ●●●
■ **Coburg**
1., Coburgbastei 4, Tel. 5 18 18-800
Di–Sa 18.30–24 Uhr
Das Markenzeichen des Spitzenkochs
Christian Petz ist eine moderne, puristi-
sche Küche, die bewusst auf kurzlebige
Modegags verzichtet. Die Qualität
seiner Kreationen entspricht dem
Glanz des aristokratischen Ambientes.
Die Bestände des Weinkellers sind von
internationalem Rang. ●●●

Schön gelegen: das Steirereck

■ **Steirereck**

3., Im Stadtpark, Tel. 713 31 68

Mo–Fr 11.30–14.30 und ab 18.30 Uhr

Einer der exquisitesten Gourmettempel ganz Österreichs, zuhause in der ehemaligen Malerei, an der Wienfluss-Promenade, zwei Gehminuten vom Ring und trotzdem im Grünen; besonders toll: Wein- und Käsesortiment. Preiswertere Alternative für den kleinen Hunger: die zugehörige Milchbar (Mo–Fr 8–23, Sa, So 9–19 Uhr, Fei geschl.). ●●●

■ **Do & Co**

1., Stephansplatz 12, Tel. 535 39 69-18

tgl. 12–15 und 18–24 Uhr

Echt gut! Klassischer In-Treff für Gourmets und Schickimickis im Haas-Haus. Der **Blick auf Dom und Dachlandschaft der City raubt den Atem,** die Formen- und Farbenspiele des Stararchitekten, die adrette Bedienung und die exzellente Küche tun ihr Übriges. Außerdem täglich Sushi- und Wok-Bar. Neuer Ableger in der Albertina. ●●●

Alt-Wiener Spezialitäten

■ **Meisel**

15., Hütteldorfer Str. 66, Tel. 982 02 29

Mo–Fr 11–22.30 Uhr, Nov. bis Ostern auch So 11–16 Uhr.

Ein Haus der Bierkultur, zusätzlich kommen Köstlichkeiten auf den Tisch, die den Freund der Wiener Küche ebenso erfreuen wie den Vegetarier. ●●

■ **Zum Alten Heller**

3., Ungargasse 34, Tel. 712 64 52

Di–Sa 10–23 Uhr

Klassisch-gehobenes Wiener Gasthaus mit bürgerlichem Publikum. ●●

■ **Gulaschmuseum**

1., Schulerstr. 20, Tel. 512 10 17

Mo–Fr 9–24, Sa, So ab 11 Uhr

Gulasch, das österreichisch-ungarische Traditionsgericht, gibt es hier in fünfzehn Varianten, dazu verschiedenste Biersorten. ●●

■ **Zu den Drei Hacken**

1., Singerstr. 28, Tel. 512 58 95

Mo–Sa 11–24 Uhr, Nov./Dez. auch So.

Gemütlicher und typischer geht es kaum: Unter den mittelalterlichen Gewölben und sommers im Garten genießt man im besten Sinne traditionell österreichische Küche. Ein besonderes Plus sind die heimischen Weine aus den Beständen der eigenen Vinothek (www.vinum-wien.at). ●●

Preiswert und typisch

■ **Gmoa Keller**

3., Am Heumarkt 25, Tel. 712 53 10

Mitte März bis Ende Okt.

Mo–Sa 11–24 Uhr

Gehobene Traditionsküche mit steirischem Einschlag, sehr gute Weinkarte, gemütlich, von der Lage ideal nach Konzert oder Theater. ●●

■ **Witwe Bolte**

7., Gutenberggasse 13, Tel. 523 14 50

tgl. 11.30–23.30 Uhr

Ältestes und sehr uriges Lokal des Spittelberg-Viertels. Alt-Wiener Hausmannskost, cholesterinträchtig, aber köstlich – wie es sich gehört. ●

■ **Hollergasse**

15., Hollergasse 9, Tel. 892 33 56

Mo–Sa 11.30–15, 18–24 Uhr

Eine der ersten Adressen für gesund-
heitsbewusste Schlemmer. Im gemütlichen Beisl serviert man erstklassige
Vollwert- und Vegetariergerichte
sowie exquisite Weine. ●

■ **Zu den 3 Buchteln**

5., Wehrgasse 9, Tel. 587 83 65

Mo–Sa 18–24 Uhr

Beliebtes Beisl mit original Wiener und
böhmischer Küche. ●

Cafés

Wien ist für seine traditionellen
Kaffeehäuser weltberühmt. Dem
Thema ist daher ein eigenes Special
gewidmet (❯ S. 26).

Heurigenlokale

Junger Wein und herzhafte Kost,
genossen auf Holzbänken im
Schatten der Kastanienbäume,
unter malerischen Kellergewölben
oder inmitten hügeliger Wein-
rieden – davon träumen Wiener
wie auch erfahrene Stadtbesucher,
wenn vom Heurigen die Rede ist.

■ **Mayer am Pfarrplatz**

19., Pfarrplatz 2, Tel. 370 12 87

tgl. ab 16 Uhr, So, Fei ab 11 Uhr

Einer von Wiens Paradeheurigen,
authentisch und mit guten Weinen.

■ **Esterhazykeller**

1., Haarhof 1, Tel. 533 34 82

Mo–Fr 11–23, Sa, So, Fei 16–23 Uhr

Historischer Stadtheuriger seit 1683.

■ **Buschenschank Haslinger**

19., Grinzing, Agnesgasse 3

Tel. 440 13 47

Beschaulicher Betrieb mit roman-
tischem Gärtchen und Dachterrasse
mit Blick auf die Weingärten.

■ **Christ**

21., Amtsstr. 10–14

Tel. 292 51 52

Über der Donau, aber die Anfahrt
lohnt: gemütlich, zugleich modern-
gediegenes Ambiente, schöner Garten,
vor allem aber: tolle Weine!

■ **Hermann**

16., Ottakring, Johann-Staud-Straße 51

Tel. 914 81 61

Alternative zum vielbesuchten
Grinzing: Schöner Garten mit gemütlicher Weinlaube.

Die besten Beisln

■ **Ubl**

4., Preßgasse 26, Tel. 587 64 37

tgl. 12–14, 18–24 Uhr

Vorstadtbeisl für Nostalgiker – Holz-
täfelung, Kanonenofen, Ausschank
aus Massivholz, herzhafte, sehr
authentische Hausmannskost. ●●

■ **Schnattl**

8., Lange Gasse 40, Tel. 405 34 00

Mo–Fr 11.30–14.30 und 18–24 Uhr

Äußerst behagliches Edelbeisl mit
exzellenter, steirisch angehauchter
Küche, ebensolchen Weine und
sommers einem wunderschönen
Gastgarten. ●●●

■ **Spatzennest**

7., Ulrichsplatz 1, Tel. 526 16 59

So–Do 9–24 Uhr

Typisches Vorstadt-Gasthaus mit
herzhafter Hausmannskost an einem
idyllischen Platz gelegen. ●

■ **Schöne Perle**

2., Große Pfarrgasse 2

Tel. 06 64/243 35 93

Mo–Fr 12–24, Sa, So, Fei 10–24 Uhr.

Famose Beisl- und Fusionküche mit
mediterranem Einfluss. ●

Special

Stelldichein beim kleinen Braunen

»Nicht daheim und doch zu Hause.« Dieses Zitat von Peter Altenberg charakterisiert das Verhältnis der Wiener zum Kaffeehaus. Das »öffentliche Wohnzimmer« ist eine eigene Welt.

Besonders wichtig, ob im pompösen Ringstraßencafé oder im schlichten Gürtelespresso, ist die psychosoziale Funktion dieser über 300 Jahre alten Einrichtung. Der Wiener Pensionär, der flippige Student, die elegante Geschäftsfrau – jeder fühlt sich hier gut aufgehoben. Man erörtert Probleme, begießt Wehwehchen. Mit gutem Grund sagt, dass die Gemeindeverwaltung, gäbe es keine Cafés, viele Millionen Euro mehr in Sozialdienste investieren müsste.

Gewiss, die Zeiten sind vorbei, da sich an den Marmortischchen legendärer Innenstadttreffs wie dem »Café Herrenhof«, dem »Griensteidl« oder dem »Central« von Karl Kraus und Bert Brecht über Stalin und Sigmund Freud Geistesgrößen aller Provenienzen beim kleinen Braunen ein Stelldichein gaben. Doch spannende Gesprächspartner und ein Sortiment internationaler Zeitungen gibt es vielerorts bis heute. Schach-, Bridge- und Billardspieler treffen auf ihresgleichen. Und Geschäftsleute, ausgerüstet mit Laptop und Handy, nutzen ihren Stammplatz im Café halbtagesweise sogar als eine Art Ersatzbüro.

Klassiker entlang der Ringstraße

■ **Landtmann**
1., Dr.-Karl-Lueger-Ring 4
tgl. 7.30–24 Uhr
Großstädtischer Treffpunkt für Politiker, Medienleute und Kosmopoliten. Sehr gute Küche, schöne Terrasse.

■ **Prückel**
1., Stubenring 24
tgl. 8.30–22 Uhr
Ringstraßencafé im lupenreinen Stil
der 1950er-Jahre (> Foto links).

■ **Imperial**
1., Kärntner Ring 16
tgl. 7–23 Uhr.
Das Luxuscafé im gleichnamigen Hotel.

Schmuckkästchen in der Innenstadt

■ **Central**
1., Herrengasse 14
Mo–Sa 7.30–22 Uhr, So 10–22 Uhr
Prachtvoll renoviertes Traditionshaus
im Palais Ferstel.

■ **Demel**
1., Kohlmarkt 14
tgl. 10–19 Uhr
Nach wie vor Mekka des süßen Wien.

■ **Frauenhuber**
1., Himmelpfortgasse 6
Mo–Sa 8–23 Uhr
Wiens ältestes Café, plüschig und
extrem gemütlich.

In-Adressen für Szenegänger

■ **Stein**
9., Währinger Str. 6
Mo–Sa 7–1, So 9–1 Uhr
Postmoderner Studententreff mit
gutem Frühstück und Internetbar.

■ **Phil**
6., Gumpendorfer Str. 10–12
Di–Fr 12–24, Sa, So 10–24 Uhr
Eine inspirierende Mischung aus Café
und Retro-Shop für qualitätvolle
Bücher, CDs, DVDs und auch Möbel.

■ **Hawelka**
1., Dorotheergasse 6
Mo, Mi–Sa 8–2, So, Fei 10–2 Uhr
Legendärer Bohème-Treff.

Authentische Adressen in der »Vorstadt«

■ **Zartl**
3., Rasumofskygasse 7
tgl. 8–24 Uhr
Unprätentiös, aber gerade deshalb
eines der schönsten Kaffeehäuser Wiens:
englische Leinentapete, Kristallluster und
Billardtische.

■ **Goldegg**
4., Argentinierstr. 49
Mo–Do 8–22, Fr 8–21, Sa 8–13 Uhr
Stille, holzgetäfelte Ecke. Empfehlens-
wert vor oder nach dem Besuch von
Schloss Belvedere.

■ **Dommayer**
13., Dommayergasse 1
tgl. 7–22 Uhr
Klassiker im Nobelbezirk Hietzing mit
hübschem Garten. Ideal am Ende eines
Ausflugs nach Schönbrunn.

■ **Weimar**
9., Währinger Str. 68
Mo–Sa 7.30–24, So 9–24 Uhr
Schöner und schmackhafter Schluss-
punkt nach einem Abend in der
benachbarten Volksoper.

Alles Kaffee…?

Wer in Österreich einen »Kaffee«
bestellt, womöglich gar mit
Betonung auf der ersten Silbe, dem
ist die abgrundtiefe Verachtung des
Obers sicher. Hier unterscheidet man
zwischen einem Braunen (mit Milch)
und einem Schwarzen oder Mokka
(ohne Milch). Eine Melange ist ein
stark mit aufgeschäumter Milch
versetzter Brauner mit einem Häub-
chen aus Schlagobers. Fiaker nennt
man einen Mokka im Glas, mit
Sahne serviert heißt er Einspänner.

Shopping

Die Hauptstraßen des guten Geschmacks, an denen sich Luxusläden wie Perlen an einer Kette reihen, liegen im goldenen Dreieck zwischen Hofburg, Oper und Stephansdom und heißen Kohlmarkt, Graben und Kärntner Straße. Überraschungen tun sich aber in den vielen Seitengassen auf, denn dort sind originelle Boutiquen, Galerien, Antiquitätenläden etc. zu Hause. Schnäppchen finden Sie eher in den Außenbezirken.

Antiquitäten & Auktionen

 Dorotheum
1., Doroteergasse 17
Eines der größten Auktionshäuser der Welt, nachdem es als Pfandleihhaus schon lange nicht mehr leben kann. Bücher, Briefmarken, Schmuck, Teppiche, Kunstwerke und Stilmöbel flüstern ihr »Kauf mich«. Damit manche sofort erhört werden können, gibt es einen Bereich »Freier Verkauf« (> S. 61).

»Zu verkaufen«: im Dorotheum

■ **Zacke**
1., Wallnerstr. 4
Hochwertige Ostasiatika, aber auch Spielzeug, historische Reklamen und vieles mehr.

Bücher & Musikalien

■ **Morawa**
1., Wollzeile 11
Größte Buchhandlung in der Inneren Stadt. Besonders gutes Sortiment an Karten und Reiseliteratur.

■ **Wolfrum**
1., Augustinerstr. 10
Kunstbücher in großer Zahl und guter Auswahl.

■ **Lia Wolf**
1., Bäckerstr. 2
Eine Fundgrube für Liebhaber opulenter Foto-, Design- und Lifestyle-Bildbände.

■ **Doblinger**
1., Doroteergasse 10
Riesensortiment an Noten und Musikliteratur, neu und gebraucht.

Kunsthandwerk und Souvenirs

■ **Augarten-Porzellanmanufaktur**
1., Stock-im-Eisen-Platz
Das Meißen von Wien. Hier gibt es das berühmteste aller Wien-Souvenirs: glänzend weiße Miniatur-Lipizzaner.

■ **Horn**
1., Bräunerstr. 7
Kleines, aber feines Sortiment **handgemachter Ledertaschen** in unverwechselbar schlicht-elegantem Design.

Schmuck

■ **Schullin**
1., Kohlmarkt 7

Wiener Goldschmiedehandwerk in höchster Vollendung und zeitgemäß verpackt.

- **L. Jarosinski & Vaugoin**

7., Zieglergasse 24

Bei den traditionsreichsten Silberschmieden der Stadt gibt es feinstes Besteck und Tafelgerät.

- **Köchert**

1., Neuer Markt 15

Edle Kombinationen, Spezialität: die zeitlos klassischen, diamantenen Sisi-Sterne.

Möbel, Textil & Design

- **Backhausen**

1., Schwarzenbergstr. 10

Exquisite Wohntextilien und Accessoires seit 150 Jahren. Jugendstildekor nach Originalentwürfen.

- **Hartmann Henn**

1., Naglergasse 29

Hochwertige Designermöbel und originelle Mitbringsel.

- **Karolinsky**

1., Singerstr. 16

Jugendstil- und Designerlampen, manche nach Entwürfen von Adolf Loos und Josef Hoffmann gefertigt.

Glas

- **Lobmeyer**

1., Kärntner Str. 26

Verkaufsräume des weltberühmten Kristallüsterproduzenten. Angeschlossen ist ein sehenswertes Glasmuseum (Eintritt frei!).

Kleidung, Wäsche, Tracht

- **Kann**

1., Singerstr. 6/2/8

Der Komet unter den vielen jungen Modemachern der Stadt.

- **Doris Ainedter**

1., Jasomirgottstr. 5

Interessante Designermode für Individualistinnen.

- **Tostmann**

1., Schottengasse 3a

Regionale Trachten aus Österreich und junge Mode.

- **Muehlbauer Hüte**

1., Seilergasse 5

Klassische und avantgardistische Kopfbedeckungen aus eigener Manufaktur.

- **Zur Schwäbischen Jungfrau**

1., Graben 26

Tisch- und Bettwäsche, von der feinsten Klöppelspitze bis zum Petitpoint-Pölsterchen.

Kaufhäuser

- **Gerngross**

7., Mariahilfer Str. 38–40

Traditionsadresse mit einer kunterbunter Warenwelt.

Shoppingwelten

Wahre Shoppingparadiese sind die **Untere Favoritenstraße**, die **Landstraße**, die **Meidlinger Hauptstraße** sowie die **Mariahilfer Straße**. Zu Wiens spannendster Modemeile mit mehr als zwei Dutzend kreativen Boutiquen und Ateliers hat sich in jüngster Zeit die **Lindengasse** im 7. Bezirk gemausert (www.7tm.at).

Alles unter einem Dach findet man in der **Shopping City Süd** jenseits der südlichen Stadtgrenze und in der **Gasometer Shopping Mall** (> S. 117). Bekannte Marken zu niedrigen Preisen gibt es im **McArthur Glen Designer Outlet** in Parndorf (ca. 30 km östlich, A 4; www.mcarthurglen.at).

■ **Ringstraßen-Galerien**
1., Kärntner Ring 5–7
Shoppingpassage mit vielen Boutiquen.
■ **Steffl**
1., Kärntner Str. 19
Das Warenhaus bietet Mode und
Lifestyle.

Confiserie und Patisserie

 K.u.K. Hofzuckerbäcker Demel
1., Kohlmarkt 14
Berühmteste Konditorei der Stadt, mit
Schaubackstube in glasüberdachtem
Innenhof.
■ **Altmann & Kühne**
1., Graben 30
Handgefertigte Minizuckerln in zauber-
haften Schachterln.
■ **Sacher**
1., Kärntner Str. 38
Straßenverkauf für die legendäre
Schokoladentorte.

Imperial
1., Kärntner Ring 16
Die ambitionierte Tortenkonkurrenz
des Sacher.

Märkte

 Naschmarkt
4., Wienzeile zwischen Ketten-
brückengasse und Karlsplatz (❯ S. 88)
Mo–Fr 6–19.30, Sa 6–17 Uhr
Der Bauch der Stadt mit Basarflair.
An dessen Südende schließt sich der
bekannte kuriose Flohmarkt an.
(Sa 6–17 Uhr ❯ S. 87).
■ **Kunst- und Antikmarkt**
1., Am Hof
Rund um die Mariensäule findet all-
wöchentlich von März bis Dezember an
Freitagen und Samstagen von 10–20
Uhr der Kunstmarkt statt:
Antiquitäten und Trödel, Kunst und
Nippes, dazu Antiquarisches.

Kunstvolles Zuckerwerk aber auch Kuchen und Torten von erlesener
Auswahl bekommt man beim K.u.K. Hofzuckerbäcker Demel

Am Abend

Am umfassendsten informiert die wöchentlich erscheinende Stadtzeitschrift »Falter« über das, was so läuft. Tageszeitungen wie »Standard«, »Presse« und »Kurier« unterrichten freitags in ihren Beilagen detailliert über die kulturellen Ereignisse der kommenden Woche. Den monatlichen Veranstaltungskalender des Tourismusverbandes Wien erhält man kostenlos in Hotels oder bei der Österreich Information im Heimatland (❯ S. 139).

Theater

Aushängeschild der Wiener Sprechbühnen ist das **Burgtheater** (1., Dr.-Karl-Lueger-Ring 2; www.burgtheater.at). Es hat stets mehrere Dutzend Inszenierungen im laufenden Spielplan und spielt fast jeden Abend ein anderes Stück. Seinen Ruf unter den großen Sprechbühnen festigte es mit zahlreichen Uraufführungen von Thomas Bernhard, Elfriede Jelinek, Peter Handke, Peter Turrini oder George Tabori. Der »Burg« angeschlossen ist das **Akademietheater** (3., Lisztstr. 1) mit einem eigenen, mehr die Moderne pflegenden Programm.

Zu den großen Bühnen Wiens zählen außerdem das traditionsreiche **Theater in der Josefstadt** (8., Josefstädter Str. 24, Tel. 427 00-300, www.josefstadt.org; Boulevardstücke und Klassiker) mit den **Kammerspielen** (1., Rotenturmstr. 20, Tel. 427 00-300) und seiner spannenden Experimentierbühne, dem **Rabenhof** (3., Rabengasse 3, Tel. 712 82-82) sowie das **Volkstheater** (7., Neustiftgasse 1, Tel. 521 11-0, www.volkstheater.at), das Zeitgenössisches und Avantgardistisches bevorzugt.

Von den 84 Kleintheatern und mittelgroßen Bühnen seien die Folgenden empfohlen:

Kartenvorverkauf

Karten für die **Bundestheater** kann man zentral unter Tel. 514 44-0 bestellen. Durchwahl: Staatsoper -2250, Volksoper -3670, Burg- und Akademietheater -4140. Info und Bestellung im Internet unter www.culturall.at. Der Vorverkauf beginnt am 20. des Monats für den Folgemonat (Burg- und Akademietheater) bzw. einen Monat vor der Aufführung (Staats- und Volksoper). Telefonischer Vorverkauf für Kreditkarteninhaber auch unter Tel. 513 15 13. Für die **Vereinigten Bühnen Wien** (Raimundtheater, Theater an der Wien und Ronacher) kann man die Karten bis zu zwei Monate im Voraus schriftlich oder telefonisch unter Angabe der Kreditkartennummer bei Wien Ticket beziehen, Tel. 588 85. Kartenvorverkauf für alle anderen Bühnen über die angegebene Telefonnummer.

■ **Schauspielhaus**
9., Porzellangasse 19
Tel. 317 01 01 18
www.schauspielhaus.at
Spannende und kritische Avantgarde.

■ **Serapionstheater im Odeon**
2., Taborstr. 10, Tel. 216 51 27
www.odeons-thater.at
Nonverbale Avantgarde vom Feinsten.

■ **Brut**
1., Lothringerstr. 20 (im Konzerthaus)
bzw. Karlsplatz 5 (im Künstlerhaus),
Tel. 587 87 74 , www.brut.at
Bühnenzwilling mit zeitgenössischem,
teilweise hoch interessantem Programm.

■ **TAG**
6., Gumpendorfer Str. 67
Tel. 586 52 22-0.
Unorthodox inszenierte klassische
Moderne.

Kabarett

Zwei Fixsterne der blühenden
Kabarettszene Wiens:

■ **Kulisse**
17., Rosensteingasse 39
Tel. 485 38 70
www.kulisse.at
Beliebte Vorstadtbühne für die Großen
der Kleinkunst. Besonders gemütlich,
weil man während der Vorstellung
essen und trinken kann.

■ **Niedermair**
8., Lenaugasse 1a, Tel. 408 44 92
www.niedermair.at
Mit großem Engagement geführte
Kleinkunstbühne, auf der sich Nach-
wuchstalente erste Sporen verdienen,
aber auch Stars gastieren.

Musikbühnen und Konzertsäle

Natürlich an erster Stelle zu
nennen: die **Wiener Staatsoper**
(1., Opernring 2, www.wiener-
staatsoper.at), eines der berühmtesten Opernhäuser der Welt.
Überwiegend für die leichtere
Muse, sprich Operette zuständig
ist die **Volksoper** (9., Währinger
Str. 78, www.volksoper.at). Dritte
Opernbühne ist das **Theater an
der Wien**, 6., Linke Wienzeile 6,
www.theater-wien. at). Zu Wiens
Ruf als Musical-Metropole tragen
das **Raimundtheater** (6., Wall-
gasse 18, Tel. 588 85) und
Ronacher bei (1., Seilerstätte 9,
Tel. 514 11).

■ **Musikverein**
1., Bösendorferstr. 12, Tel. 505 81 90
Stammhaus der Wiener Philharmoniker.
Klassisches Repertoire.

■ **Konzerthaus**
3., Lothringerstr. 20, Tel. 24 20 02
Viel Zeitgenössisches von den Wiener
Symphonikern.

■ **Radiokulturhaus,**
4., Argentinierstr. 30 a
Tel. 501 70-377

Jazz, Blues, Country & Co.

■ **Jazzland**
1., Franz-Josefs-Kai 29
Tel. 533 25 75
Seit Jahrzehnten der Jazztempel der
Stadt, die Heimat der österreichischen
Jazzszene.

■ **Porgy & Bess**
1., Riemergasse 11, Tel. 503 70 09
Tickets: 512 88 11
Im Porgy & Bess wird täglich exquisiter
Live-Jazz gespielt.

■ **Metropol**
17., Hernalser Hauptstraße 55
Tel. 40 77 74 07
Hier gibt es Extremschrammeln von
Roland Neuwirt ebenso wie Folk und
Chansons.

Szenelokale und Bars

Die Möglichkeiten zum Abheben oder Abstürzen in Wiens Lokalszene sind schier unbegrenzt, besonders in den Gassen rund um die Ruprechtskirche, im Bäckerstraßenviertel und in Spittelberg. Auf die Gefahr ärgster Willkür hin dennoch einige Tipps:

■ **Castillo**
1., Biberstr. 8
Mo–Sa 20–2 Uhr
In-Treff der »beautiful people«.

■ **Daniel Moser**
1., Rotenturmstr. 14
So–Mi 8–24, Do–Sa 8–2 Uhr
Schlichtes, kleines Lokal in Weiß und Holz, bei Wiens Jeunesse dorée als Bühne zum Sehen und Gesehen werden beliebt. Serviert werden gesunde Häppchen und frische Fruchtsäfte.

■ **Krah Krah**
1., Rabensteig 8
tgl. 11–2 Uhr
Das Mekka für Bierfreunde, 50 Sorten stehen zur Wahl! Das Flair im Krah Krah ist studentisch angehaucht, trotz der lauten Musik ist das Lokal ein Kommunikationstreffpunkt.

■ **Blaustern**
19., Döblinger Gürtel 2
Mo–Do 7–1, Fr 7–2, Sa, So 8–1 Uhr
Schick-cooles Designercafé an der neuesten Szene-Meile, dem Gürtel.

■ **B72, Chelsea, Rhiz, Ride Club...**
8./9., Lerchenfelder
Hernalser und Währinger Gürtel
tgl. ca. 20–2 Uhr
Eine lange Reihe von In-Lokalen mit teilweise exzellentem DJ- und Live-Musikprogramm hat in den letzten Jahren in den revitalisierten Stadtbahnbögen ihre Pforten geöffnet und zur Wiederbelebung des Gürtels beigetragen.

Stylish essen und feiern im Phönix

■ **Loos-Bar**
1., Kärntner Durchgang 10
tgl. 12–5 Uhr
Schickes Publikum und exzellente Drinks, insbesondere Cocktails, im Ambiente von Adolf Loos.

Diskos und Clubs

■ **U4**
12., Schönbrunner Str. 222
www.u-4.at,
tgl. 22–5 Uhr.
Der Pionier unter Wiens Diskos – kürzlich neu eröffnet. Gruftig-grau, oft mit Livemusik, täglich wechselnde Schwerpunkte.

■ **Phönix-Bar & -Supperclub**
7., Lerchenfelder Str. 35
www.phoenix-club.com
Do–Sa ab 19 Uhr
Aufwändig choreografiertes Erlebnisdinner mit Show-Acts, das in einer rauschenden, mit internationalen DJs bestückten Party endet.

Special

Wo Wien abhebt

Nightlife in der altehrwürdigen Kaiserstadt? Undenkbar! Das galt zumindest für die ersten Nachkriegsjahrzehnte, als die Gehsteige noch weit vor Mitternacht hochgeklappt wurden. Doch in den 1980er-Jahren regte sich plötzlich Leben in alten Gemäuern. Und zuletzt hat sich Wien regelrecht zu einem Epizentrum in Sachen Clubbing und neuer elektronischer Musik gemausert. Das legendäre Duo Kruder & Dorfmeister, DSL, Pulsinger & Tunakan, Makossa, Tina 303 und The WAZ Experience heißen einige der Stars am neuen DJ-, Sampling- und Remixing-Himmel. Die Locations für DJ-Performances, Clubs und Live-Gigs wachsen seitdem wie die Schwammerln aus dem Nichts.

Hauptgrund für diese Verjüngung ist ein erfolgreiches Joint Venture einer jungen, kreativen Gastronomen-Generation und entschieden erneuerungswilliger Stadtväter. Eindrucksvollstes Beispiel: die Umgestaltung des Gürtels von einem verkehrsumtosten Halbweltrevier zur hippen Kultur- und Gastro-Zone. In den von Otto Wagner entworfenen, ziegelgemauerten Bögen der U-Bahn hat sich neben diversen Beisln, Servicebetrieben und Kunsthandwerksläden auch eine Musik-Meile etabliert, bestehend aus mehreren In-Locations mit Spitzen-Sounds.

⚠ Die besten aktuellen Tipps zu allen Dancefloor-Parties, Liveacts und Events bieten die beiden Programmhefte **Falter** und **City** sowie die Wiener Jugendinfo **wienXtra**, 1., Babenbergerstr. 1, U2–Museumsquartier, Tel. 17 99, www.jugendinfowien.at, Mo–Sa 12–19 Uhr.

Adressen am Gürtel

■ **Chelsea**
8., Lerchenfelder Gürtel 29–31
Mo–Sa 18–4. So 16–3 Uhr
Konzertbeginn 22 Uhr, Einlass 21 Uhr.
Breite Musikpalette, serviert von DJs,
daneben Livemusik von Underground-
und internationaler Spitzenbands.

■ **rhiz**
8., Lerchenfelder Gürtel 37/38
Mo–Sa 18–4, So 18–2 Uhr
Tagsüber ist das rhiz Internetcafé,
nachts lauscht man hier exquisiter
elektronische Musik, z.T. mit VJs.

■ **B 72**
8., Hernalser Gürtel 72/73
tgl. 20–4 Uhr
Schlager, Pop, Gitarrenrock und
Elektro, manchmal rau und herzlich,
manchmal fein und easy.

In-Locations

■ **Volksgarten-Disco**
1., Burgring
www.volksgarten.at
Mai–Sept. tgl., sonst mehrmals
wöchentlich 11–4 Uhr
Dancing zu Klängen von Easy Jazz bis
Techno (> Foto links).

■ **Sass**
1., Karlsplatz 1
http://sassvienna.com
Mi, Fr–So ab 22 Uhr
Neuester Vorzeige-Club mit extrem
schickem Ambiente, vielfältigem
Musikprogramm, großer Tanzfläche
und tollem Sounddesign.

■ **Passage**
1., Babenbergerpassage/Burgring
www.sunshine.at
Di–Sa ab 20/22 Uhr bis morgens
Post-moderner Tanztempel in einer
ehemaligen Fußgängerpassage unter
der Ringstraße.

Genug Platz an der Theke: das Sass

Szene-Klassiker

■ **Arena**
3., Baumgasse 80/Franzosengraben
www.arena.co.at
Die Partyzone im ehemaligen Schlacht-
hof besteht aus mehreren Hallen und
einem Openair-Gelände. Wegweisende
Pop-, Punk- und Independent-Acts.

■ **Flex**
1., am Donaukanal
Abgang bei der Augartenbrücke
www.flex.at
tgl. 20–4 Uhr
In-Treff für lauten, aktuellen Beat.

Mega-Partys

Zweimal bildet die Ringstraße die
Kulisse für große Mega-Parties:
Mitte Mai vor dem Rathaus für den
Lifeball, ein überaus schillerndes
Charity-Event zugunsten von Aids-
Opfern (www.lifeball.org), und
Mitte Juni für die **Regenbogen
parade** der Schwulen, Lesben und
Bios (www.hosiwien.at).

Land & Leute

Steckbrief][Geschichte im Überblick][
Kunst und Kultur][Feste und Veranstaltungen

Wien

Polen und Deutsche; Bevölkerungs-
dichte 4025 Einw./km²
Landes- und Stadtvorwahl:
00 43/(0)1
Währung: €
Zeitzone: wie in Deutschland und
der Schweiz MEZ + 1 Std., auch hier
Ende März bis Ende Okt. Sommerzeit

Landeshauptstadt Österreichs und
eines der neun Bundesländer
Lage: auf 16° 20 östl. Länge und 48°
13 nördl. Breite
Fläche: 415 km², davon Grünfläche
206 km², bebaute Fläche 126 km²,
Verkehrsfläche 83 km²
Bevölkerung: Einwohner ca.
1,66 Mio., davon ca. 18 % Nicht-
österreicher, überwiegend Türken,

Lage

Ihre geschichtliche, wirtschaft-
liche und kulturelle Bedeutung
verdankt die Stadt zu einem Gut-
teil ihrer äußerst günstigen geografischen Lage. Durch die Donau
als Hauptverkehrsstraße ist Wien
seit alters mit dem pannonischen
Raum im Südosten und dem
Alpenvorland im Westen verbunden. Zudem bildet das etwa
100 km lange Wiener Becken das
Bindeglied zwischen den drei
großen mitteleuropäischen Landschaften, den Alpen-, Sudeten-
und Karpatenländern.

Natur und Umwelt

Verglichen mit anderen Millio-
nenstädten verfügt Wien nicht
nur über viele innerstädtische
Parkanlagen, sondern an seinen
Rändern auch über große und
relativ homogene Naturräume.

Im Westen prägen die Ausläufer
des Wienerwalds mit seiner her-
ausragenden Funktion als Naher-
holungsgebiet die Landschaft – ein
für Mitteleuropa typischer, Laub-
mischwald aus Buchen und Eichen.
In seinen abgelegeneren Teilen,
besonders in dem über 2300 ha
großen Naturschutzgebiet des
Lainzer Tiergartens, sind große
Populationen von Hirschen und
Damwild heimisch. Echte Urwäl-
der bilden noch die Auenland-
schaften von Prater und Lobau.

Luft und Wasser

Die Luftqualität ist dank des häufigen Westwindes zufriedenstellend, die Abgasbelastungen haben durch das deutlich höhere Verkehrsaufkommen seit der Öffnung des Eisernen Vorhangs aber zugenommen.

Viel beneidet wird Wien um sein Wasser. Um 1870 wurden, damals eine technische Großtat, zwei Fernleitungen gebaut: die eine in das Kalkalpengebiet von Rax und Schneeberg, die andere zum Hochschwabmassiv in der Steiermark. Sie garantieren seither die Versorgung mit erstklassigem Hochquellwasser. Die Grundwasserreservoirs der näheren Umgebung, v.a. die Mitterndorfer Senke, sind dagegen höheren Belastungen ausgesetzt.

Wirtschaft

Dem Vorurteil vieler Österreicher zum Trotz, die ihre Hauptstadt als Wasserkopf bezeichnen, dessen aufgeblähter Verwaltungsapparat die Steuern verschlingt, ist Wien das größte Wirtschaftszentrum des Landes. Hier werden 30 % des Bruttoinlandsprodukts erarbeitet. 90 % der rund 36 000 Betriebe zählen zum Bereich Handwerk und Gewerbe. Die Industrie hingegen schrumpft bedrohlich vor sich hin. 1973 gab es in der Stadt noch 1830 Industriebetriebe mit 170 000 Arbeitsplätzen. 2007 waren es knapp 1200 Betriebe mit nicht einmal mehr 100 000 Jobs.

Der Touristenstrom hingegen fließt ungebrochen. Mittlerweile verzeichnen die 380 Hotelleriebetriebe fast schon 10 Mio. Übernachtungen pro Jahr. Die Bedeutung Wiens als internationaler Warenumschlagplatz wächst auch dank des Rhein-Main-Donau-Kanals ständig. Und zusätzliche massive Impulse verliehen der Anfang 1995 vollzogene Beitritt Österreichs zur EU sowie deren Erweiterung 2004.

Politik und Verwaltung

Die Republik Österreich ist ein föderativer Bundesstaat, in dem die neun Bundesländer Hoheitsrechte der Landesverwaltung und Landesgesetzgebung besitzen. Wien ist die Hauptstadt dieser Republik, ihr politisches, wirtschaftliches, administratives und kulturelles Zentrum, der Sitz von Bundesrat, -regierung, -präsident und Nationalrat sowie der drei höchsten Bundesgerichte. Die große Politik residiert in der Hofburg und am Ballhausplatz.

Zugleich ist Wien das kleinste der neun Bundesländer Österreichs. Als solches verfügt es über einen Landtag, der parallel als Gemeinderat fungiert. Seine 100 Mitglieder werden alle fünf Jahre gewählt. Die Exekutive liegt bei dem vom Gemeinderat gewählten Stadtsenat, der gleichzeitig Landesregierung ist. Er besteht derzeit aus neun Amtsführenden Stadträten und fünf Stadträten ohne eigenen Geschäftsbereich. An seiner Spitze steht der Bürgermeister (seit Jahrzehnten ein Sozialist bzw. Sozialdemokrat) mit zwei Vizebürgermeistern und dem Magistratsdirektor.

Geschichte im Überblick

5. Jh. v. Chr. Die Boier, ein keltischer Stamm, siedeln sich auf dem Gebiet des späteren Wien an.
15 v. Chr. Die Römer erobern die Alpen- und Donauländer und sichern die Provinz Pannonia durch den Bau des Limes und vieler militärischer Garnisonen. Carnuntum ist die wichtigste Garnison im Wiener Raum; sie erhält durch das Hilfslager Vindobona einen westlichen Flankenschutz.
213 Vindobona, mittlerweile Zivilstadt, erhält das Stadtrecht.
4. Jh. Zerstörung durch Germanenstämme, die Römer treten
433 Pannonia an die Hunnen ab.
881 Erster Zusammenstoß zwischen Baiern und Vortrupps der Ungarn bei Wien. In den Salzburger Annalen wird der mittelalterliche Stadtname »Weniam« zum ersten Mal erwähnt.
955 Bei der Schlacht auf dem Lechfeld unterliegen die Ungarn Otto I. Wien liegt am Rande der neuen ottonischen Ostmark, mit der 976 der Babenberger Luitpold belehnt wird. Der Markgraf dehnt die Grenze schnell nach Osten aus.
1155 Heinrich II. Jasomirgott verlegt seine Residenz nach Wien, das sich dank seiner günstigen Lage am Schnittpunkt der Donau mit dem alten Handelsweg der Bernsteinstraße zu einem wichtigen Handelsplatz entwickelt hat.

1192–1200 Mit dem Lösegeld für Richard Löwenherz, den Leopold V. während der Kreuzzüge gefangen genommen hat, werden die Stadt erweitert, die Ringmauern erbaut.
1237 Wien wird erstmals die Reichsfreiheit verliehen.
1278 Mit König Rudolf I. beginnt die Regentschaft der Habsburger.
1408 Die selbstbewussten Wiener Bürger stellen sich gegen die Habsburger Landesherren. Bürgermeister Konrad Vorlauf wird als Führer einer Volkserhebung hingerichtet.
1421 Während der »Wiener Geserah« wird die jüdische Bevölkerung vertrieben, 200 Juden werden ermordet.
1485 Die Ungarn unter Matthias Corvinus besetzen Wien.
1529 Die erste Türkenbelagerung von Wien scheitert – am schlechten Wetter. Kurz darauf bauen die Wiener ihre Befestigung aus.
1551 Die Jesuiten werden nach Wien berufen, um gegen den sich ausbreitenden Protestantismus zu kämpfen.
1645 Die Schweden stehen vor Wien, ziehen aber ohne Kampf wieder ab. Wien leidet wirtschaftlich schwer unter dem Dreißigjährigen Krieg.
1679 Die Pest wütet in Wien; sie fordert mindestens 75 000 Opfer.
1683 Wieder stehen die Türken vor Wien, mit 230 000 Angreifern, denen nur 17 000 Mann gegen-

überstehen. In der hoffnungslosen Situation vertreibt ein 75 000 Mann starkes Entsatzheer die Belagerer.

1684 Beginn barocker Bautätigkeit, Wien wird zur glanzvollen Metropole, die Architekten sowie Bildhauer und Maler in ihren Bann zieht.

1740 Maria Theresia besteigt den Kaiserthron. Mit ihrem Sohn und Mitregenten, Joseph II., leitet sie viele Reformen ein.

1792 Kaiser Franz II. hält die Unzufriedenheit des Volkes mit rigiden polizeistaatlichen Mitteln nieder. Beginn der Koalitionskriege gegen das revolutionäre Frankreich, das Wien zweimal besetzt.

1814/15 Nach den Napoleonischen Kriegen treffen sich europäische Fürsten und Staatsmänner zum Wiener Kongress. Europa wird neu geordnet.

1821 Staatskanzler Metternich erstickt nationales und liberales Gedankengut. Wien versinkt in der Totenstille der Restauration. Bürger und Künstler flüchten in die innere Emigration.

1848 Im März bricht die Revolution aus: Wiens Bürger fordern die Beteiligung an der Gesetzgebung, die Aufhebung der Zensur und die Selbstverwaltung der Gemeinden. Staatliche Truppen schlagen den Aufstand nieder.

1857 fallen die Befestigungsanlagen, an ihrer Stelle entsteht die Ringstraße. Die Vorstädte werden eingemeindet, Wien erhält eine städtische Selbstverwaltung.

1873 Die erste Hochquellwasserleitung wird eröffnet, die Weltausstellung in Wien abgehalten.

1895 Der christlich-soziale Politiker Dr. Karl Lueger wird Bürgermeister. Er leitet eine bahnbrechende Modernisierungswelle ein.

1914 Beginn des Ersten Weltkriegs. 1916 stirbt Kaiser Franz Joseph 86-jährig in Wien.

1918 Ausrufung der Ersten Republik am 12.11. Wien, bisher Hauptstadt der Donaumonarchie mit 55 Mio. Einwohnern, wird zur Hauptstadt der Republik mit 6,5 Mio. Einwohnern.

1922 Die Bundeshauptstadt Wien wird ein eigenes Bundesland. Von den Sozialdemokraten regiert, geht es in eine »Neue Zeit«, in der v.a. das soziale Elend der Arbeiter gemildert wird. Von reaktionären Kräften wird das »Rote Wien« misstrauisch beobachtet. Es kommt zu bürgerkriegsähnlichen Zusammenstößen.

1934 Kanzler Dollfuß lässt einen Aufstand der Arbeiter blutig niederschlagen, er verbietet SPÖ und Gewerkschaften. Im Juli wird er bei einem Putschversuch von Nationalsozialisten ermordet.

1938 Am Heldenplatz verkündet Hitler den Anschluss Österreichs an das Deutsche Reich. Wien wird Hauptstadt des Gaus »Niederdonau« in der »Ostmark«.

1944/45 Die Alliierten bombardieren Wien und zerstören ca. 30 % der Stadt.

1945 Wien wird von der Roten Armee befreit und am 1. September in vier Besatzungszonen aufgeteilt.

1955 unterzeichnen die Außenminister der Siegermächte den österreichischen Staatsvertrag. In den folgenden Jahrzehnten entwickelt sich Wien zu einer Drehscheibe der Geheimdiplomatie zwischen Ost und West.

1979 Nach New York und Genf wird Wien zum dritten UNO-Hauptsitz.

1995 Österreich wird Mitglied in der Europäischen Union.

2000 Die Regierungskoalition von ÖVP und Jörg Haiders rechtsgerichteter FPÖ führt zu heftigen Protesten im In- und Ausland, es folgen parteiinterne Streitigkeiten.

2002 Die vorzeitigen Neuwahlen gewinnt die ÖVP.

2004 Die berühmte Liechtensteinische Gemäldesammlung kehrt zu großen Teilen aus Vaduz ins gleichnamige Palais nach Wien zurück.

2006 Die Stadt feiert Mozarts 250. Geburtstag.

2008 Wien steht im Juni als zentraler Spielort der von Österreich und der Schweiz gemeinsam veranstalteten Europameisterschaft vier Wochen lang im Rampenlicht der internationalen Fußballwelt.

2009 Ein weiteres großes Musikfest zu Ehren eines Klassikers: der 200. Todestag von Joseph Haydn

Kunst und Kultur

Das alte Wien

In Wien haben sich aus der **Romanik** (950 bis etwa 1200) lediglich der westlichste Teil des Stephansdoms (das Riesentor und die beiden Heidentürme) sowie die Ruprechtskirche und der Schweizer Trakt der Hofburg erhalten. Viel nachhaltiger prägte die Gotik das Bild der Stadt. Vom Ideengut der Bettelorden beeinflusst, entstanden zu ihrer Zeit Maria am Gestade, die Augustiner- und Minoritenkirche, vor allem aber Sankt Stephan – allesamt Gotteshäuser mit hohen Hauptschiffen, schlanken Säulen, zierlichen Strebepfeilern und gleichsam schwebenden Rippengewölben. Dünn gesät sind hingegen die Bauten aus der **Renaissance**. Einziges Relikt von Rang dieses an den geometrischen Prinzipien der Antike orientierten Stils ist die Stallburg der Hofburg.

Wien barock

Zu einer regelrechten Orgie der Prunkentfaltung kommt es dann an der Wende vom 17. zum 18. Jh., im **Barock**. Die Türken sind endgültig besiegt, die schlimmsten Pestepidemien überstanden, die Protestanten zurückgedrängt. Hof, Hochadel und Kirche triumphieren und entfachen einen bis dahin nie da gewesenen Bauboom. Gegen Ende dieser Blüte bildet sich als Gegenstück zum süddeutschen und französischen Rokoko der späte, so genannte theresianische Barock heraus. Dessen eindrucksvollste Schöpfung ist die Innenausstattung von Schloss Schönbrunn.

Auf dem Weg zur Moderne

Ab 1860 wird Wien zur modernen Metropole. Symbol des Wohlstands und Selbstbewusstseins ist die Ringstraße mit ihren Prunkbauten, die anstelle der alten Stadtmauern entstehen. Architekten wie Hansen, Ferstel, Semper, Hasenauer, Siccardsburg und van der Nüll greifen auf verschiedenerlei alte Bauformen zurück. Der **Historismus** wird zum bestimmenden Stil.

Ein Bruch erfolgt kurz vor der Jahrhundertwende: Unter der Führung Otto Wagners lehnen sich die so genannten Secessionisten gegen herkömmliche architektonische Ausdrucksformen auf. Ihr ästhetisches Ideal ist eine Symbiose aus Funktion und Ornament und geht als **Jugendstil** in die Kunstgeschichte ein. Dessen bedeutendste Vertreter heißen Joseph Maria Olbrich, Josef Hoffmann und als radikalster Purist Adolf Loos.

Nach 1945 schafft eine Gruppe um Roland Rainer, Karl Schwanzer und Erich Boltenstern den Anschluss an die **Moderne**. Ein Objekt aus dieser Zeit überragt alle anderen: Fritz Wotrubas Kirche aus kubischen Betonblöcken im Stadtteil Mauer.

Und die **Gegenwartsarchitektur** Wiens? Eine Weile brauchten die Wiener, um sich an die bahnbrechend neue Formensprache ihrer im Ausland längst sehr erfolgreichen Stars zu gewöhnen. Mittlerweile aber sind Wilhelm Holzbauer, Gustav Peichl, Hans Hollein, Coop Himmelb(l)au & Co auch zu Hause geschätzt. Ihre wegweisenden Bauten wie das Haas-Haus am Stephansplatz, so mancher Wolkenkratzer beiderseits der Donau oder die zu Wohnbauten umfunktionierten Gasometer werden Gästen der Stadt mit Stolz präsentiert. Und auch ausländische Top-Größen der Architektenzunft wie Dominique Perrault und Massimiliano Fuksas oder Santiago Calatrava, sind in Wien erfolgreich tätig.

Markanter Erker am Haas-Haus

Otto Wagner: Der Architekt als Visionär

Es gibt wohl keinen Architekten, dessen Werke das heutige Stadtbild von Wien so stark prägen wie seine: Otto Wagner, geboren 1841, war der bahnbrechende Baukünstler der Jahrhundertwende.

Der Lehrer von Adolf Loos, Joseph Maria Olbrich und Josef Hoffmann forderte den Verzicht auf jegliche sinnentleerte Ornamentik. Die formale Gestaltung, so sein Credo, müsse sich aus der Funktion ableiten, die Konstruktion gemeinsam mit dem Material die ästhetische Wirkung bestimmen. Mit diesen Prinzipien wurde er 1897 zum Doyen der secessionistischen Bewegung (❯ S. 89), deren Mitglieder sich gegen das althergebrachte Kunstideal wandten und den Wiener Jugendstil begründeten. Schon zuvor, 1894, war Wagner zum Kaiserlichen Architekturbeauftragten ernannt und mit Planung und Bau der Stadtbahn betraut worden – ein gewaltiger Auftrag, zumal der Rastlose nicht nur Galerien, Brücken und über 30 Stationsgebäude entwarf, sondern sich mit derselben Sorgfalt auch den kleinsten Details wie Geländern, Lampen und Schriftzügen widmete.

Doch Wagner hinterließ in seiner Heimatstadt noch weitere Spuren, z.B. das Schleusenhaus am Nussdorfer Ende des Donaukanals oder das Postsparkassenamt (❯ S. 77, s. Bild oben), dessen ästhetischer Funktionalismus bereits weit über den Jugendstil hinausweist. Im Wiental zeugen das Majolika- und dessen Nachbarhaus von Wagners Gespür für effektvolle Fassadengestaltung (❯ S. 87). Im äußersten Westen der Stadt, in der Hüttelbergstraße Nr. 26, hinterließ er eine grandiose Villa (U 4 Hütteldorf, Bus 148; Innenführungen für Gruppen: Mo–Fr nach Voranmeldung, Tel. 914 85 75). Und auf den Hängen des Gallitzinberges erhebt sich die Krönung seines Schaffens – die Kirche Am Steinhof, sakrales Hauptwerk der Secession und symbolischer Kontrapunkt zur üppig barocken Karlskirche (14., Baumgartner Höhe 1, Bus-Linie 48A; Führung Sa 15–16 Uhr).

Malerei und Bildhauerei

Das 1365 entstandene Bildnis von Herzog Rudolf IV. im Dom- und Diözesanmuseum gilt als ältestes nördlich der Alpen entstandenes Porträt. Die Altartafel »Flucht nach Ägypten« in der Schottenkirche (1469) zeigt im Hintergrund die früheste topographisch verwertbare Ansicht Wiens. Auch in der Bildhauerei entsteht bereits in der **Gotik** Wegweisendes, etwa die »Dienstbotenmadonna« im Stephansdom und das Hochgrab Friedrichs III. ebendort, das die Renaissance bereits vorwegnimmt.

Ihren Höhepunkt erreicht auch die Bildende Kunst im **Barock**. Meister wie Johann Michael Rottmayr und Daniel Gran, Franz Anton Maulbertsch, Paul Troger und Andrea del Pozzo schwelgen auf ihren Deckenfresken und Altargemälden in üppigen, von auf Wolken reitenden Engeln, Heiligen und Helden bevölkerten Fantasien. Zu den besten Bildhauern dieser Epoche zählen Georg Raphael Donner, Balthasar Permoser und Balthasar Moll.

Während des Biedermeiers entwickelt die Malerei in Reaktion auf die triste politische Realität einen starken Hang zum Idyll und zur Besinnlichkeit. Die großen Künstler der **Romantik** wie Georg Ferdinand Waldmüller, Friedrich Gauermann, Moritz von Schwind oder Rudolf von Alt stellen allerdings in manchen Genrebildern die sozialen Missstände durchaus kritisch dar. Hauptvertreter des als Protestbewegung entstehenden **Jugendstils** Wiener Prägung, genannt Secessionismus, ist Gustav Klimt. Ungefähr zur selben Zeit kündigt der stilistische Außen-

Manifestation einer Protestbewegung: die Secession

seiter Anton Romako mit seinen nervös-ausdrucksstarken Porträts bereits den kommenden **Expressionismus** an, dem nach der Jahrhundertwende Alfred Kubin, Egon Schiele und Oskar Kokoschka zu einem Siegeszug durch die Galerien verhelfen.

Nach 1945 macht zuerst die »Wiener Schule der phantastischen Realisten« auf sich aufmerksam, zu der Rudolf Hausner, Anton Lehmden, Arik Brauer, Wolfgang Hutter und Ernst Fuchs zählen. In den 1960er-Jahren schockieren dann Künstler wie Günter Brus oder Hermann Nitsch mit Schlachtungs-, Mal- und Selbstverstümmelungsaktionen das bürgerliche Publikum. In der Folge splittet sich die Kunstszene in unzählige gegensätzliche Richtungen auf. Unter den – auch kommerziell sehr erfolgreichen – Repräsentanten aus der schon älteren Generation sind u.a. Arnulf Rainer, Oswald Oberhuber, Alfred Hrdlicka und Christian Ludwig Attersee zu nennen, unter den noch Jüngeren Künstler wie Franz West, Heimo Zobernig, Herbert Brandl, Elke Kristufek oder die Zwillinge Hohenbüchler.

Musik

Einen ersten Höhepunkt erreichte die Wiener Tonkunst mit dem Imperialstil des Barock. Meister wie Claudio Monteverdi und Marc Antonio Cesti kultivieren im Auftrag der Habsburger die italienische Oper am Hof zu Wien. Als großer Reformer der Gattung Oper tritt im 18. Jh. Christoph Willibald Gluck in Erscheinung. Wenig später wird

Ob Parkett oder Rang, ein Erlebnis ist der Besuch der Staatsoper allemal

Es lebe der Tod!

Neben den vielen längst überholten Klischees von Wien existiert eines, das noch heute der Wirklichkeit entspricht: Seine Bewohner pflegen tatsächlich ein besonders nahes Verhältnis zum Tod. Wo sonst beschäftigt sich jedes zweite Volkslied mit dem Sterben und der Ewigkeit? Wo sonst könnte ein Trunkenbold wie der sagenhafte liebe Augustin, der zu Zeiten der Pestepidemie aus einem Massengrab auferstand, in das er berauscht gefallen war, noch Jahrhunderte später als Identifikationsfigur dienen? Wo sonst hat die Branche des Pompfüneberers (so die aus »pompes funèbres« verballhornte Bezeichnung des in schwarze Roben gekleideten Sargträgers) so wenig Nachwuchssorgen? Und in welcher anderen Stadt gilt eine »schöne Leich« – ein nobles Begräbnis mit großem Kondukt, pathetischen Nachrufen und üppigem Leichenschmaus – als Krönung des Daseins? Kein Wunder, dass auch die Friedhöfe in Wien neben ihrer ursächlichen eine zweite Funktion haben: Sie sind – vor allem rund um Allerheiligen – beliebte Ausflugsziele.

4 Insbesondere der **Zentralfriedhof** in Simmering, mit seinen 2,5 km² und über 3 Mio. Toten der größte Gottesacker der Stadt, gleicht in diesen Tagen einem Familien-Freizeitidyll. Freilich: Der »Zentral« dient nicht nur der Erholung, sondern auch der Bildung. Oft kann man auf seinen kilometerlangen Wegen Eltern mit ihren Kindern beobachten, wie sie die auf den Grabsteinen in Gold gravierten Namen und Titel – vom »Wirklichen Hofrat« bis zum »Kammeroberamtsofficial« – studieren. Und der Besuch der rund 10 000 Ehrengräber gleicht einem Gang durch ein Pantheon der österreichischen Geistesgeschichte. Ludwig van Beethoven und Johannes Brahms sind hier bestattet, Franz Schubert und die beiden Johann Strauß, aber auch Johann Nestroy, Hans Moser, Curd Jürgens, Helmut Qualtinger und alle Bundespräsidenten der zweiten Republik.

Geistesgrößen von einst kann man übrigens auch auf den kleineren Vorstadtfriedhöfen begegnen. Auf dem Gottesacker von Hietzing etwa liegen Franz Grillparzer, Otto Wagner und Gustav Klimt, auf dem von Ober St. Veit Egon Schiele und in Grinzing ruhen zu Füßen der Weinberge Gustav Mahler und Heimito von Doderer. Wiens prominentester Toter, Wolfgang Amadeus Mozart, wurde auf dem St. Marxer Friedhof beigesetzt – die einzige erhaltene Biedermeier-Begräbnisstätte. Wo er genau liegt, lässt sich aber nicht mehr sagen, da er bekanntlich in einem Massengrab verscharrt wurde.

Wien zum Sammelpunkt der großen Komponisten. Mit seinen Symphonien und Opern, Messen und Werken für Kammermusik prägt v.a. das Dreigestirn Haydn – Mozart – Beethoven jene Epoche, die als **Wiener Klassik** in die Musikgeschichte eingeht. Den Übergang zur **Romantik** schafft Franz Schubert, der begnadete Schöpfer eines neuen, vom Klavier mitbestimmten Liedstils. In diesen Jahren wird der Wiener Walzer geboren, dessen unwiderstehlichen Dreivierteltakt Josef Lanner, Johann Strauß und dessen Söhne in aller Welt berühmt machen. Auch die Operette feiert im Wien des 19. Jhs. und frühen 20. Jhs. Triumphe. Ihre größten Komponisten: Johann Strauß Sohn, Franz Lehár, Carl Millöcker und Franz von Suppé.

In der Folge konzentriert sich das internationale Musikge schehen noch zweimal in Wien: erstmals um die Jahrhundertwende, als Johannes Brahms, Anton Bruckner und Gustav Mahler hier ihre roman-tischen Instrumental- und Orchesterwerke komponieren. Und zum zweiten Mal kurz darauf, als Arnold Schönberg die Fesseln der Tonalität sprengt, seine anfangs heftig befehdete Zwölftonmusik entwickelt und die so genannte Zweite Wiener Schule begründet.

Die **Gegenwart** wird eher von der U-Musik bestimmt: Hier erobern einige Namen Konzertsäle und Hitlisten: die Liedermacher Wolfgang Ambros, Reinhard Fendrich und Georg Danzer (gest. 2007), der Wiener Rocker Ostbahn-Kurti mit seiner Band oder Roland Neuwirth, der mit seinen Extremschrammeln dem Genre Wiener Lied neue, virtuose Impulse verlieh. Natürlich erwerben sich parallel dazu auch zeitgenössi-sche Komponisten im Bereich der so genannten E-Musik von Wien aus international große Lorbeeren. Stellvertretend genannt seien Friedrich Cerha, Kurt Schwertsik, Iván Eröd, HK Gruber und Olga Neuwirth.

Literatur

Als unbestrittener Meister des klassischen Dramas geht Franz Grillparzer in die Literaturge-schichte ein. Ferdinand Raimund und Johann Nestroy verfassten geniale Volkskomödien im Dut-zend. Bedeutendster Erzähler dieser Zeit ist Adalbert Stifter mit seinen elegischen Naturbe-schreibungen und sittlichen Gesellschaftsromane.

Um die Jahrhundertwende erlebt das literarische Wien eine bei-spiellose Blütezeit. Die Mitglieder der Vereinigung Jung-Wien – u.a.

Hier schrieb Heimito von Doderer

Arthur Schnitzler, Hugo von Hofmannsthal, Peter Altenberg, Stefan Zweig – rücken die Welt der Stimmungen, Nerven und Reize ins dichterische Blickfeld. Es ist, als sähen die Vertreter des Fin de siècle, des Wiener Symbolismus, zugleich das Ende einer Epoche voraus – und der Beginn des Ersten Weltkriegs gibt ihnen recht. Eine wortgewaltige Ausnahmeerscheinung ist der Satiriker und Sprachkritiker Karl Kraus.

In der Zwischen- und Nachkriegszeit wirken in Wien einige der größten deutschsprachigen Romanciers: Robert Musil, Hermann Broch, Joseph Roth und Heimito von Doderer. Wiens geistig-literarisches Leben ist jedoch zum großen Teil von jüdischen Bürgern getragen. Ihre Vertreibung und Verfolgung durch die Nationalsozialisten kommt einem geistigen Exodus gleich, der auch nach 1945 unumkehrbar bleibt.

Nur wenige, wie Fritz Hochwälder und Alexander Lernet-Holenia, knüpfen stilistisch an Vorkriegstraditionen an. Andere, wie etwa Friederike Mayröcker und die »Wiener Gruppe« um H. C. Artmann, gehen neue Wege, indem sie in ihre Textmontagen Dadaistisches, Surrealistisches und Mundartliches einbeziehen.

Aus der großen Schar der Dramatiker ragen Wolfgang Bauer, Peter Turrini und v.a. Thomas Bernhard heraus. Als Prosadichter haben sich in den jüngsten Jahrzehnten u.a. Gerhard Roth, Christoph Ransmayr, Peter Rosei und Robert Menasse weit über die

Die besten Bücher über Wien

■ Die letzten Jahrzehnte der Donaumonarchie beschreibt **Joseph Roth** mit unüberbietbarem Gespür für den Geist der Zeit und das Wesen der österreichischen k. u. k. Seele in seinen zwei Schlüsselwerken **Radetzkymarsch** und **Kapuzinergruft** (beide: dtv, München 1998 und 2003).

■ In **Friedrich Torbergs** ungemein humorvollen Büchern **Die Tante Jolesch** und **Die Erben der Tante Jolesch** wird beim Lesen wienerisch-jüdischer Witz vom Feinsten wieder lebendig (beide: dtv, München 1977 und 1981).

■ Jede Menge Lokalkolorit vermittelt auch **Stefan Zweig** in **Die Welt von gestern**, seiner Schilderung des (groß)bürgerlichen Lebens vor dem Zweiten Weltkrieg in Wien (Fischer Tb, Frankfurt a.M. 1999).

■ **Heimito von Doderers** Roman **Die Strudlhofstiege** fängt meisterhaft die Atmosphäre der Zwischenkriegszeit ein und liefert, darin verwoben, eine brillante Sozial- und Zeitanalyse (dtv, München 1995).

■ Die abgründigen Seiten der Wiener Seele, vor allem Larmoyanz und politischen Opportunismus, offenbaren **Helmut Qualtinger/ Carl Merz** in ihrem gnadenlossarkastischen Monolog **Der Herr Carl** (Deuticke/Zsolnay Wien, 2007).

■ Als Meister der Wiener Mundart fasste **H.C. Artmann** das Wesen der (Vorstadt)Seele genial in poetische Worte. **Sämtliche Gedichte**, (Jung & Jung, Salzburg 2003).

Landesgrenzen einen Namen erschrieben. Die bisher höchste Auszeichnung für eine österreichische Schriftstellerin erhielt im Oktober 2004 Elfriede Jelinek: den Literaturnobelpreis. Die Bestsellerautorin (»Lust«) gilt als eine der unbequemsten Schriftstellerinnen und Theaterautorinnen im deutschsprachigen Raum, ihre zentralen Motive sind die Rolle der Frau, Sexualität sowie Gewalt und Macht in der Konsumgesellschaft.

Feste und Veranstaltungen

Wer in der alten Kaiserstadt unter Langeweile leidet, ist selbst Schuld. Denn die Wiener verstehen die Kunst des Feierns aus dem Effeff und lassen ihre Gäste bei deren Ausübung bereitwillig mitgenießen. Berühmt ist der Wiener Fasching mit seinem dichten Programm an Bällen und Gschnasen (=Kostümfesten). Nicht minder prall gefüllt ist ganzjährig – also mittlerweile auch im Hochsommer – der Kalender der Bühnenhäuser und Konzertsäle. Auch Sportler und Freunde gehobenen Brauchtums kommen voll auf ihre Kosten. Detaillierte Infos unter www.wien.info oder www.falter.at bzw. im Stadtmagazin »Falter« und, am übersichtlichsten, jeweils für den ganzen Monat in der Broschüre Wien-Programm (hrsg. von WienTourismus), die gratis in den Tourismusämtern, vielen Hotels, Ticketkassen etc. aufliegt.

Ein Reigen in Schwarz und Weiß: Debütanten beim Opernball

Festkalender

1. und 6. Januar: Neujahr und Heilige Drei Könige – gesetzliche Feiertage; am 1.1.: das in alle Welt aus dem Goldenen Saal des Musikvereins übertragene **Neujahrskonzert der Wiener Philharmoniker** (6. Jan. bis Aschermittwoch).

6. Januar bis Aschermittwoch: Ganz Wien schwingt das Tanzbein während des Faschings, der Ballsaison. Höhepunkt ist der **Opernball** am letzten Donnerstag (wiener-staatsoper.at).

Januar/Februar: Beim **Festival Resonanzen** wird im Konzerthaus von Interpretenstars aus aller Welt der Alten Musik die Reverenz erwiesen.

März/April: Osterklang: Bei den hochkarätigen Konzerten von – hauptsächlich barocker – **Sakralmusik** stehen in der Karwoche und am Osterwochenende die Wiener Philharmoniker im Mittelpunkt. Ende April bietet die **Viennafair** eine Leistungsschau zeitgenössischer Kunst mit Schwerpunkt Zentral- und Osteuropa. Ende April wird der Wiener Frühlingsmarathon abgehalten (vienna-fair.at).

1. Mai: Tag der Arbeit. Gesetzlicher Feiertag.

Mitte Mai bis Mitte Juni: Mit den **Festwochen** (www.festwochen.at) zieht die Kulturmetropole Wien vor der Welt ihre eindrücklichste Visitenkarte. Zwischendurch geht vor und im Rathaus der Lifeball, ein schillernder Charity-Event zugunsten der AIDS-Hilfe, über die Bühne und wogt die Regenbogenparade über die Ringstraße.

Juni: Der Blumenkorso zieht durch den Prater: Umzug mit prächtig geschmückten Kutschen und Pferden. Gegen Monatsende locken beim **Donauinselfest** dutzende Künstler drei Tage lang ein Millionenpublikum ins Freie (donauinselfest.at).

Juli/August: Wien bleibt musikalisch: zum einen beim **Jazz-Fest** (Anfang Juli), dem **ImPuls Tanz-Festival** (Mitte Juli bis Ende August) und die gesamten zwei Monate lang beim **Musikfest Klangbogen** bzw. dem **Musikfilmfestival** vor dem Rathaus.

15. August: Mariä Himmelfahrt.

September: Beim **Prater-Volksfest** geht es hoch her.

Oktober: Cineasten schweben bei der **Viennale** (www.viennnale.at), Fans zeitgenössischer E-Musik im Konzerthaus beim Festival »**Wien modern**« im siebten Himmel.

26. Oktober: Nationalfeiertag.

1./2. November: Allerheiligen und -seelen.

November: Die renommierte **Kunst- und Antiquitätenmesse** findet in der Hofburg statt. Das Spektrum umfasst internationale Werke aus allen Epochen.

Dezember: Christkindl- und Weihnachtsmärkte versetzen u.a. auf der Freyung, dem Spittelberg, vor dem Rathaus, der Karlskirche und Schloss Schönbrunn in besinnliche Stimmung. In der letzten Jahresnacht lädt der **Silvesterpfad** in der Innenstadt zum Mega-Open-Air-Fest, der **Kaiserball** hingegen in die Hofburg.

8. bzw. 24./25. Dezember: Mariä Empfängnis bzw. Weihnachten.

Unterwegs in Wien

Entdecken Sie die einzelnen Stadtviertel –
jeweils mit den schönsten Touren,
allem Sehens- und Erlebenswertem
sowie zahlreichen Tipps

***Die Innere Stadt

Nicht verpassen!

- Besinnung und Kunstgenuss im geistigen Zentrum Wiens, dem Stephansdom
- Sich den Kopf verdrehen lassen in der habsburgischen Schatzkammer und dem prächtigsten Bibliothekssaal der Welt
- Ein Abendprogramm, wie es so erlesen nur die Kulturweltstadt Wien bietet – im Burgtheater oder in der Staatsoper
- Einen Sundowner in einem der Szenetreffs, der Sky- oder Onyx-Bar, mit Blick über die Dächer der Stadt

Zur Orientierung

Die Donau ist möglicherweise schön, aber ganz sicher nicht blau, der typische Wiener keineswegs ununterbrochen gemütlich und charmant und die Wiener Küche zwar überaus schmackhaft (und kalorienreich!), aber genau genommen eine Mischung aus importierten Traditionen. Freilich ändert die Fragwürdigkeit so mancher Klischees rein gar nichts an dem generellen Zauber, den Österreichs Hauptstadt verströmt. Kaiserliche Pracht, biedermeierliche Idylle und der pulsierende Beat der Gegenwart verschmelzen in dieser Metropole zum lebendigen Ganzen.

Die beiden im Folgenden empfohlenen Rundgänge, die den Kern jeder Stadterkundung bilden, machen mit zwei sehr gegensätzlichen Facetten Wiens bekannt: der erste mit dem imperialen Erbe – der **Hofburg**, in der mit kurzen Unterbrechungen über 600 Jahre lang das politische Herz des Habsburgischen Vielvölkerreiches schlug, und der westlichen **Ringstraße,** an der sich vom Burgtheater über Rathaus und Parlament bis zum Kunst- und Naturhistorischen Museum politische Repräsentationsbauten und hochkarätige Musentempel dicht an dicht reihen.

Der zweite Rundgang hingegen führt in das malerische Gassenlabyrinth des historischen Stadtkerns, zu seinen römischen Fundamenten, den ältesten Kirchen und dem Platz, an dem einst die Residenz der Babenberger Herzöge stand. In seinem Zentrum steht eine ausführliche Besichtigung des **Stephansdoms**, der seit der Gotik den geistigen Mittelpunkt der Reichs- und späteren Republikhauptstadt markiert. Nicht nötig zu betonen, dass entlang der beiden Routen auch das Bedürfnis nach Entspannung und Zerstreuung keineswegs zu kurz kommt. Dafür sorgen unter anderem die weitläufigen, in Wien generell überaus gepflegten Parkanlagen, die unzähligen Kaffeehäuser und Konsumtempel jeder Art.

Prunkraum in der Albertina

Touren durch die Innere Stadt

Das imperiale Wien

– ❶ – **Staatsoper** ›
***Hofburg** › **Westliche Ring-
straße** › **Museumsquartier**

Dauer: 3-4 Stunden (ohne
Museumsbesuche)
Praktische Hinweise: Der
Startpunkt ist bequem mit
diversen U-Bahn-Linien
erreichbar (Station Karlsplatz,
U 1, U 2, U 4). Am Endpunkt
laden diverse Lokale zum
kulinarischen Ausklang. Die
Museen der Hofburg, die
Sammlungen des Museums-
quartiers sowie das Natur- und
mehr noch das Kunsthistorische lohnen mehrere Extra-
stunden, sodass die Tour – vor
allem bei Regen – mühelos
einen ganzen Tag dauern kann.
Eilige kürzen ab und wählen
den direkten Weg vom Heldenplatz zu den Museumszwillin-
gen am Maria-Theresien-Platz.

⑤ **Staatsoper ❶

Am Anfang steht ein
Gebäude, das wie kein zweites –
sieht man vielleicht vom Musikverein ab – dazu beigetragen hat,
in aller Welt den Ruf Wiens als
Musikmetropole zu festigen: die
Staatsoper, wo sich von September bis Juni die ganz großen internationalen Gesangsstars die Klinke

in die Hand geben. Programm
und Dirigenten wechseln fast täglich, das Hausorchester jedoch,
die berühmten Wiener Philharmoniker, spielt Abend für Abend
auf. Nur an zwei Tagen macht der
reguläre Betrieb während der Saison Pause – im Februar, wenn die
Logen zur Kulisse für den Opernball, den glanzvollen Höhepunkt
des Wiener Faschings, werden.
Das »Haus am Ring« ist freilich
nicht nur ein Ort für erlesene
Klangkultur, sondern auch einer,
an dem die Wiener einem Gesell-
schaftsspiel, das sie perfekt
beherrschen und mit besonderer
Hingabe frönen – dem Raunzen
und Intrigieren.

Schon vor der Eröffnung im
Mai 1869 – die neue k. u. k. Hof-
oper war der erste fertiggestellte
Monumentalbau an der Ringstraße – hatten die Zeitungen den
Entwurf mit seiner Loggia, den
seitlichen Arkaden und dem
metallenen Tonnendach so
hämisch kritisiert, dass sein ver-
zweifelter Innenarchitekt Eduard
van der Nüll in den Freitod ging.
Sein Kompagnon August von
Siccardsburg nahm sich die Kritik
nicht minder zu Herzen und erlag
wenige Wochen später einem
Infarkt. Auch so mancher Direktor oder Dirigent – ob um 1900
Gustav Mahler, später Bruno
Walter und Richard Strauss oder
in jüngerer Vergangenheit Herbert von Karajan, Lorin Maazel

Große Liebe und Streitobjekt der Wiener: die Staatsoper

und Claudio Abbado – hatte unter der Arglist der öffentlichen Meinung zu leiden.

Wenn man keine der Karten ergattert hat, sollte man wenigstens die Innenräume besichtigen: das freskenverzierte Treppenhaus, das Schwind-Foyer mit seinen spätromantischen Gemälden, den Gustav-Mahler- und Marmorsaal und den über 2200 Personen fassenden Zuschauerraum. Führungen geben dazu im Sommer und auch während der Saison Gelegenheit (Tel. 5 14 44-26 14/26 21, www.wiener-staatsoper.at).

In die Führungen integriert, aber auch gesondert sehr lohnend ist der Besuch des nur wenige Schritte entfernten **Staatsopernmuseums**, das mittels Fotos, Kostümen, Bühnenbildmodellen, Abendzetteln etc. die Geschichte des Hauses seit seiner Wiederer-

öffnung 1955 dokumentiert (Hanuschgasse 3/Goethegasse 1; ganzjährig Di–So 10–18 Uhr).

Zum Abschluss empfiehlt sich die Einkehr im **gemütlichen Café Oper Wien** an der Ostseite der Staatsoper (tgl. 8–24 Uhr).

*Haus der Musik 🄂

Unweit der Wiener Staatsoper, in der Seilerstätte 30, wurde im Jahr 2000 das Haus der Musik eröffnet, **das erste Klangmuseum der Welt.** Auf vier Etagen ermöglichen interaktive und multimediale Ausstellungsbereiche neue Zugänge zum Thema Musik. (Tgl. 10–22 Uhr, www.hdm.at)

**Kapuzinergruft 🄃

In diesen auch als Kaisergruft bekannten unterirdischen Räumlichkeiten werden seit 1633 die Angehörigen des Hauses Habs-

Ringturm

Franz-Josefs-Kai

Heinrichsgasse

Obere

Hollandstr.

gasse

Gredlerstr.

Taborstraße

Praterstr

Salztor-
brücke

Salz-

Salztorgasse

Orles

Donaustraße

Ottenbrunn

Morzin-
platz

Marien-
brücke

Untere   Don

Donaukanal

Schwedenbrücke

M. Aurel-Str.

Salvatorgasse

26

Altes
Rathaus

Wipplingerstr.

2

2

24

Seitenstetteng.

Fleischmarkt

Schweden-
platz

Franz-Josefs-Kai

Julius-Raab-
Platz

27

Judeng.

23

Strabe

Post-

gasse

bastei

Zu den neun
Ören der Engel

Tauben

25

Rotenturm-

Fleischmarkt

Georg-
Coch-
Platz

Brandstätte

Bauermarkt

Kramerg.

Heiligenkreuzer
Hof

Sonnenfelsgasse

Schönlatern

22

Rosenbursenstr.

7

Pest-
säule

Goldschmied

Haas-
Haus

17

Dom- und
Diözesanmuseum

Bäckerstr.

Akademie der
Wissenschaften

20

2

Dom gasse

Wollzeile

Post-gasse

Dominikaner-
kirche

Stubenring

21

Stephans-
platz

19

Schulerstr.

2

18

Dr.-Karl-
Lueger-Pl.

Singerstraße

Grünangergasse

Riemergasse

Zedlitz-

Stubenbastei

2

Stubentor

Weiskirchnerstr.

Wien

Spiegel

nkeng.

Strabe

Kärntner

Neuer
Markt

3

Franziskaner-
platz

Liebenberg.

Stadtpark

Himmelpfort-

Johannesgasse

stätte

Weinburggasse

gasse

Annagasse

ertina-
latz

Krugerstraße

2

Seiler

Schellinggasse

Fichte-

Park

Am Heumarkt

Walfischgasse

Schwarzenbergstr.

Johannesgasse

Stadtpark

N

Kärntner

Ring

Schubertring

gasse

Beethoven-
Platz

Die Innere Stadt

0   250 m

Palais Erzherzog Albrecht

burg beigesetzt. Zwölf Kaiser, 15 Kaiserinnen und an die 100 Erzherzöge ruhen hier, von Kapuzinerpatres sorgsam bewacht. Wandert man durch die dunklen Gelasse, erfährt man nicht nur vieles über die Genealogie eines der bedeutendsten europäischen Herrschergeschlechter, sondern auch über den Wandel des Totenkults und der Kunststile. Im ersten und kleinsten Raum liegen Kaiser Matthias, der Begründer der Anlage, und seine Gemahlin Anna in denkbar schlichten Zinnsärgen. Maria Theresia und Franz Stephan von Lothringen hingegen hat man ihrer Zeit gemäß in einem mit Basreliefs verzierten barocken Prunksarkophag (von Balthasar Moll) bestattet. Stets frischer Blumenschmuck ziert die Särge von Franz Joseph und seiner Frau »Sisi«. Beim bislang letzten Leichenbegängnis in der Kapuzinergruft am 1. April 1989 wurde Zita, Österreichs letzte Kaiserin, zur Ruhe gebettet. (Tgl. 9.30–16 Uhr)

Denkmal gegen Krieg und Faschismus ◆

Kulturpolitische Kontroversen gab es auch um jenes Mahnmal, das der Bildhauer Alfred Hrdlicka 1988 hinter der Oper in Erinnerung an die Opfer des Nationalsozialismus errichtete. In dem Streit ging es nicht um die Notwendigkeit einer solchen Gedenkstätte, vielmehr debattierte man die »richtige« Ausführung. Würde das aus grob behauenen Granit- und Marmorblöcken sowie einer Bronze bestehende Monument seiner Aufgabe gerecht? Die Betroffenheit, die man bei vielen vor dem Denkmal verweilenden Einheimischen und Touristen sieht, spricht vielleicht das entscheidende Urteil.

**Albertina ◆

Auf Kunstwerke ganz anderer Art stößt man in dem Gebäude, das sich schräg gegenüber erhebt: Dessen Namenspatron, Herzog Albert von Sachsen-Teschen, hatte das Palais Anfang des 19. Jhs. gekauft und zu einer Gemäldegalerie umbauen lassen, deren Grundstock die Erfolge eigenen Sammlerfleißes bildeten. Heute ist hier die größte grafische Sammlung der Welt untergebracht. Sie umfasst Zehntausende Zeichnungen und Aquarelle sowie über 1,5 Mio. Druckgrafiken von nahezu allen großen Künstlern zwischen Gotik und Moderne. Die Albertina macht regelmäßig durch spektakuläre Sonderausstellungen von sich reden (tgl. 10–18 Uhr, Mi bis 21 Uhr).

Restaurant

Ein traditioneller Heuriger mitten in der Stadt ist Bitzinger's Augustinerkeller. In den alten Gewölben unter der Albertina-Rampe speist es sich auch mittags fast wie in Grinzing – bei üppigem Heurigenbuffet und spritzigen Weinen (1., Augustinerstr. 1, tgl. 11–24 Uhr).

*Dorotheum 6

Wieder unter den Lebenden schnappt man frische Luft am besten bei einem Bummel durch das angrenzende Antiquitätenviertel, das Gebiet zwischen Kärntner und Augustinerstraße. Doch Vorsicht! Die Geldbörsen pflegen sich dabei über die Maßen rasch zu leeren. Denn die historischen Kostbarkeiten, die hier in mehreren Dutzend Läden neuer Besitzer harren, sind meist ebenso teuer wie verführerisch schön.

Besonders negativ auf das Urlaubsbudget wirkt sich erfahrungsgemäß ein Besuch im Dorotheum aus. Dieses weltbekannte Auktionshaus, vom Volksmund liebevoll »'s Pfandl« genannt, besteht bereits seit 1707. Von Joseph I. als »Versatz- und Frag-Amt« gegründet, war es für viele Notleidende auf ihrer Flucht vor Wucherern der rettende Hafen. Der heutige neobarocke Bau, um 1900 an der Stelle eines profanierten Klosters errichtet, hat freilich gar nichts mit einer ärmlichen Pfandleihanstalt gemein. In den stuckverzierten Schauräumen fühlt man sich wie in einer noblen Einkaufspassage. Mit dem wesentlichen Unterschied, dass dort wohl die Chance auf ein Schnäppchen ungleich geringer sein dürfte. Ob Möbel, Teppiche, Münzen, Porzellan, Bücher, Briefmarken oder Schmuck – wofür auch immer man eine Sammlerleidenschaft hegt: Im Dorotheum lässt sie sich mit Sicherheit stillen. (Mo bis Fr 10–18, Sa 9–17 Uhr, www.dorotheum.com)

Höchst gefährlich für das Portemonnaie: ein Rundgang durch das Dorotheum

Cafés

Ein stilvoller und geschichtsträchtiger Rastplatz ist das **Café Bräunerhof**. Hier pflegte kein Geringerer als Thomas Bernhard bis zu seinem Tod über Stapel von Zeitungen gebeugt vor sich hin zu granteln und die nächste Verbalattacke gegen Wien und die Welt zu erdichten (**1.**, **Stallburggasse 2**, Mo–Fr 8–21, Sa 8–19, So, Fei 10–19 Uhr).

■ Mehlspeistigern hingegen sei ein Besuch in der nahe gelegenen **Kurkonditorei Oberlaa** ans Herz gelegt. Dort kredenzt man nach Meinung vieler die besten Torten und Kuchen der Stadt (**Neuer Markt 16**, tgl. 8–20 Uhr).

*Peterskirche 7

Auch zwei Kunstdenkmäler lohnen in diesem Viertel nähere Betrachtung: die Peterskirche und die Pestsäule. Erstere, erbaut nach Plänen Johann Lukas von Hildebrandts und mit einem Kuppelfresko von Johann Michael Rottmayr gekrönt, alles seit kurzem frisch renoviert, ist eines der schönsten Barockjuwele der Stadt, die Pestsäule ein Schmuckstück der Fußgängerzone.

Bevor Sie nun den weitläufigen Komplex der Hofburg zur Besichtigung betreten, empfiehlt sich ein Bummel über Wiens eleganteste Einkaufsmeile, über **Kohlmarkt und Graben.** Hier rühmen sich immer noch einige Läden auf Schildern aus Schmiedeeisen oder Email ihrer Vergangenheit als Lieferanten des kaiserlichen Hofes (prominentes Beispiel: die K. u. K. Hofzuckerbäckerei Demel). Hier lässt sich noch die Aura jener Zeit erspüren, als in diesen Gassen bestimmt wurde, was die über 50 Mio. Untertanen Österreich-Ungarns als geschmackvoll und modisch zu empfinden hatten. Freilich kann man auch interessante Eindringlinge aus der republikanischen Zeit entdecken, etwa jene von Hans Hollein entworfenen Geschäftsportale (Kohlmarkt Nr. 7 und 10), die in allen internationalen Handbüchern für moderne Architektur angeführt sind.

6 ***Die Hofburg

Als Startplatz für eine Exkursion in die ehemalige Schaltzentrale des habsburgischen Imperiums bietet sich der Michaelerplatz an. Ein kurzer Blick noch auf die vor wenigen Jahren freigelegten Römischen Ruinen und das gewaltige Michaelertor, ein längerer auf das **Looshaus** – jenes dreidimensionale Manifest zugunsten einer geradlinigen und ornamentlosen Architektur, für das Adolf Loos

Himmelhoch jauchzen und musizieren die Engel in der Peterskirche

Ein Haus und seine Bücher: der barocke Prunksaal der Nationalbibliothek

noch vor der Vollendung (1911) heftige Polemiken erntete. Dann eröffnet sich nach wenigen Metern in der Reitschulgasse der Blick in den von dreistöckigen Laubengängen gesäumten Hof der Stallburg, eines der raren stilistisch reinen Renaissancebauwerke Wiens.

Am Josefsplatz

Drei Schritte weiter, und Sie sind am Josefsplatz, wo Sie ein einmalig makelloses und harmonisches barockes Ensemble erwartet. Auch hinter den strahlend weißen Fassaden ist manches zu entdecken: Das schmucklose Tor an der Südostseite des Platzes gehört zur *Augustinerkirche, in der nicht nur die Herzen der verstorbenen Habsburger aufbewahrt werden, sondern auch ihre Hochzeiten stattfanden. Das pyramidenförmige Grabmal entwarf der italienische Klassizist Antonio Canova für Erzherzogin Marie Christine.

Die Längsfront des Platzes bildet der Prunksaal der **Nationalbibliothek** (Eingang in der Ecke rechts vom Kirchenportal). Er wurde von Johann Bernhard Fischer von Erlach geplant und 1735 von dessen Sohn Joseph Emanuel fertiggestellt, und genießt das Prädikat »schönster Bibliotheksraum der Welt«.

An der Nordwestseite des Josefsplatzes befindet sich der Eingang zur **Winterreitschule, in der die legendären Lipizzaner ihre hohe Kunst demonstrieren. Der Durchgang in der Ecke vis-à-vis führt zur ursprünglich gotischen *Burgkapelle.

Alte Hofburg 8

Zurück auf dem Michaelerplatz geht es unter der Kuppel des Michaelertraktes hindurch in den Inneren Burghof und dort rechts in die **Kaiserappartements, die zugänglichen Arbeitsräume

Sängerknaben und Lipizzaner

Von Januar bis Anfang Juli und Mitte September bis Dezember singen die **Wiener Sängerknaben** jeden Sonn- und Feiertag um 9.15 Uhr die Messe in der Burgkapelle. Karten für die raren Sitzplätze sollten Sie mindestens acht Wochen im Voraus bei der Hofmusikkapelle bestellen (Tel. 533 99 27; hmk@chello.at, www.wsk.at; Restkarten jeweils an der Tageskasse: Mo–Fr 10–13 und 15–17 sowie So ab 8.15 Uhr).

Im Rahmen eines Wien-Besuchs gilt auch der Besuch der berühmten **Spanischen Hofreitschule** gemeinhin als unverzichtbar. Es gibt mehrere Möglichkeiten, das weiße Ballett der Lipizzaner bei seinen Capriolen, Levaden und Courbetten zu beobachten. Für die regulären, 80–100-minütigen Vorführungen (in der Regel Sa, So um 11 bzw. Fr um 19 Uhr) empfiehlt es sich, Eintrittskarten Monate im Voraus bei der Spanischen Reitschule zu bestellen (Tel. 533 90 32, www.srs.at). Die sehr viel preiswerteren Tickets für die Morgenarbeit (Di–Fr 10–12 Uhr) sind am selben Tag vor Beginn auf dem Josefsplatz beim Eingang erhältlich. Bereiten Sie sich aber darauf vor, dass Sie sich früh anstellen! Alle genauen, saisonabhängig stark variierenden Termine enthält die Broschüre »Spanische Reitschule«, erhältlich bei der Österreich-Werbung und der Tourist-Information (> S. 139).

und Privatgemächer Franz Josephs und Elisabeths. Während der Kaiser eine schlichte Einrichtung liebte, bewohnte seine Frau prächtig geschmückte Räume mit Möbeln im Louis-XIV.-Stil. Der Persönlichkeit der Kaiserin widmet sich das neue ***Sisi Museum** in den ersten sechs Räumen der Kaiserappartements. Derselbe Eingang, das Kaisertor, führt auch in die **Silberkammer**, deren Exponate eine Vorstellung vom Repräsentationsbedürfnis des Kaiserhauses geben. (Beide tgl. 9–17, Juli/Aug. bis 17.30 Uhr, www.hofburg-wien.at)

Vom Inneren Burghof geht man durch das wappenverzierte Renaissancetor in den Schweizerhof, den ältesten Teil des Komplexes – bereits 1279 urkundlich erwähnt.

Von hier aus betritt man die ****Schatzkammer, eine einzigartige, unschätzbar wertvolle Sammlung** von weltlichen und geistlichen Preziosen. Neben Reliquiaren, Ornaten und Messgeräten enthält sie die Reichsinsignien des Heiligen Römischen Reiches Deutscher Nation (Prunkstück: die alte Reichskrone aus dem 10. Jh.) und des österreichischen Kaiserreichs sowie die Schätze der Burgunder und des Ordens vom Goldenen Vlies. (Mi–Mo 10–18 Uhr, www.khm.at)

Neue Hofburg 9

Entstanden die genannten Trakte nach und nach zwischen dem 13. und frühen 19. Jh., so wurde die Neue Burg erst 1871–1913 erbaut. In dem Halbbogen befinden sich

In der Hofburg ist der schönen Kaiserin Sisi ein Museum gewidmet.

mehrere **Museen**, u.a. jenes für Völkerkunde mit dem prächtigen Federkopfschmuck eines aztekischen Priesters, die Hofjagd- und Rüstkammer und das Ephesos-Museum mit archäologischen Funden aus der seit Generationen von Österreichern betriebenen Grabungsstätte in Kleinasien. (Alle Mi–Mo 10–18 Uhr, www. khm.at)

Zu wenig Zeit? Dann genießen Sie wenigstens **das prachtvolle Panorama**, das sich vom Haupteingang der Neuen Burg bietet. Es reicht über den Heldenplatz, die Silhouetten von Rathaus, Burgtheater und Parlament in die Ferne bis zum Kahlen- und Leopoldsberg.

Entlang dem blassgrün getünchten Leopoldinischen Trakt der Burg, in dem seit der Ausrufung der Republik Österreichs Bundespräsident mit seiner Kanzlei logiert, führt der Weg in den

*Volksgarten. Ein Bummel durch die grüne Oase empfiehlt sich nicht nur wegen des um 1822 erbauten Theseustempels, sondern auch wegen des prächtigen Rosengartens.

*Das Burgtheater 🔟

Willkommen in der traditionsreichsten Sprechbühne des deutschen Sprachraums! »Die Burg«, wie Wiens Bürger den Bau respektvoll titulieren, entstand als einer der letzten großen Ringstraßenbauten in den Jahren 1874–1888 unter der Regie von Karl Hasenauer und Gottfried Semper. Das Innere ist, wie es sich für ein ehemaliges Kaiserliches Hoftheater gehört, in Logen, hierarchisch abgestufte Ränge und eine Guckkastenbühne gegliedert. Treppenhäuser und Pausenräume sind üppig mit Fresken (u.a. von G. Klimt) und Büsten dekoriert. (Führungen tgl. 15 Uhr)

Das Burgtheater war stets nicht nur eine Sprechbühne, sondern ein beinahe geheiligter Ort, an dem wahre Glaubenskriege um die Kunst ausgefochten wurden. Denn das Publikum pflegt am Aufgebot an Starinterpreten häufig mehr interessiert zu sein als am Inhalt des Stücks. Spektakuläre Inszenierungen gab es seit eh und je, zuletzt unter dem langjährigen Direktor Claus Peymann wie auch seinem Nachfolger Klaus Bachler (2009 abgelöst von Matthias Hartmann). Bei jeder Shakespeare- oder Bernhard-Aufführung werden die Kassen gestürmt. (Führungen in der Spielsaison tgl. 15 Uhr, Tel. 514 44-4140, www.burgtheater.at)

*Neues Rathaus ⑪

Vis-à-vis dem Burgtheater steht der 1872–1883 erbaute neogotische Sitz der Stadtregierung. Sein sehenswertes Inneres – der Arkadenhof, die Feststiege und der kolossale Festsaal – kann im Rahmen von Führungen (Mo, Mi, Fr 13 Uhr außer an Sitzungs- und Feiertagen) besichtigt werden. Auf dem Platz zu Füßen der reich gegliederten Hauptfassade endet alljährlich am 30. April der traditionsreiche Fackelzug der einst Sozialistischen, heute Sozialdemokratischen Partei. Und seit Jahren flimmern an Sommerabenden **bei Schönwetter Opern- und Konzertfilme** (freier Eintritt) über eine Großleinwand.

Der **Rathauspark** ist durchsetzt von Denkmälern. Gedacht wird u.a. der Melodienkaiser Josef Lanner und Johann Strauß Vater, des Malers Ferdinand G. Waldmüller sowie der Grafen Niklas Salm und Ernst Rüdiger Starhemberg, die Wien bei den Türkenbelagerungen heldenhaft verteidigten.

Der nordwestliche Ring

Ein wenig stiefmütterlich wird im Rahmen der gängigen Sightseeing-Programme gerne der westliche Abschnitt der Ringstraße behandelt, dabei finden sich auch hier stattliche Exemplare des monumentalen Historismus, der die gesamte Prachtallee prägt. Der wuchtige Block der *Universität wurde 1873–1884 nach einem Entwurf von Heinrich Freiherr von Ferstel im Stil der italienischen Renaissance erbaut. Die Alma Mater Rudolphina, von Erzherzog Rudolf IV., dem Stifter, gegründet und natürlich nach ihm benannt, blickt bis ins Jahr 1365 zurück. Damit ist sie die älteste Hochschule im jetzigen deutschen Sprachraum und nach Prag und Krakau die drittälteste in Mitteleuropa (U-Bahnstation »Schottentor«).

Angrenzend an den Sigmund-Freud-Park reckt die *Votivkirche ihre 99 m hohen Zwillingstürme empor. Das Gotteshaus mit dem Äußeren einer französischen Kathedrale des 13. Jhs. entstand auf Initiative Erzherzog Maximilians, des späteren Kaisers von Mexiko. 1853 war dessen Bruder, Kaiser Franz Joseph, glücklich einem Attentat entgangen. Eine aus Spendengeldern finanzierte Dank- und Sühnekirche sollte an

Echt gut!

Karte
Seite 58

das Ereignis erinnern. Noch bevor es am 24. April 1879 anlässlich der Silberhochzeit des Kaiserpaares zur Einweihung des neogotischen Riesenbaus kam, wurde am Schottenring 16 ein weiteres Monument der Ringstraßenarchitektur eröffnet, die *Börse. Das antikisch anmutende Gebäude mit seiner augenfälligen ziegelroten Fassade ist ein Werk des dänischen Architekten Theophil Hansen. Sein Innenbereich wurde 1956 nach einem Brand von Erich Boltenstern umgestaltet, der auch für das letzte, eher atypische Gebäude an der Ringstraße verantwortlich zeichnet, den **Ringturm** an der Ecke zum Franz-Josefs-Kai. Die 23 Stockwerke dieses äußerst schlichten, in den 1950er-Jahren erbauten Hochhauses galten den Wienern in der Nachkriegszeit als stolzes Symbol für ihre Modernität.

****Liechtenstein Museum** 12

Wo einst eine der einflussreichsten Adelsfamilien der Donaumonarchie residierte, kann man heute **eine der größten und bedeutsamsten Privatsammlungen der Welt** bestaunen – die Sammlung des Fürsten Hans Adam II. von und zu Liechtenstein. Das Palais bildet in Kombination mit dem Garten den grandiosen Rahmen für eine barocke Erlebniswelt aus Malerei, Skulptur, Kunstkammerobjekten und Möbeln. Im Zentrum stehen Meisterwerke von der Frührenaissance bis zur österreichischen Romantik (9., Fürstengasse 1; erreichbar vom Ring mit der Straßenbahnlinie 3; Fr–Di 10–17 Uhr, So um 11 und 15 Uhr wird zur Kammermusik geladen, dazwischen gibt es eine Führung; Tel. 319 57 67-252, www.liechtensteinmuseum.at).

Die Ringstraße

Der Verlauf der Ringstraße folgt in etwa jener Linie, entlang der die Wiener nach der bösen Erfahrung der ersten Türkenbelagerung (1529) einen massiven Befestigungsring angelegt hatten. Mitte des 19. Jhs. boten solche Trutzbauten keinen Schutz mehr vor den modernen Waffen, gefährdeten aber stattdessen als potenzielle Barrikade die innere Sicherheit.

Der junge Kaiser Franz Joseph lernte aus dem Revolutionsjahr 1848, das seinen Onkel Ferdinand I. den Thron gekostet hatte, und ordnete die Schleifung der Basteien an. Zugleich ließ er mehrere Kasernen unweit der Hofburg errichten, um bei Aufständen seine Truppen schnell bei der Hand zu haben. Ein großer Teil des gewonnenen Grund und Bodens stand jedoch dem Adel und auch dem Bürgertum als Spielfeld für ihre repräsentativen Bauvorhaben zur Verfügung. Wenngleich man heute als Fußgänger auf der Ringstraße von Autos, Straßenbahnen und Radfahrern bedrängt wird, ist sie mit ihrer Länge von rund 4 km, ihrer Breite von durchschnittlich 57 m, ihren Linden- und Platanenalleen nach wie vor der Inbegriff eines imperialen Prachtboulevards.

Der Alte Sitzungssaal im Parlament

*Parlament **13**

Wie eine Reverenz an die Ideale der Architektur und wohl auch die Staatskunde der Hellenen wirkt das Parlament. 1873–1883 nach Plänen von Theophil Hansen erbaut, bot es in den letzten Jahrzehnten der Monarchie beiden Kammern des damaligen Reichstags eine Heimat. Heute tagen hier National- und Bundesrat. Der Bau mit seiner streng gegliederten Frontfassade, seinem Portikus und der edel geschwungenen Rampe ist ein Paradebeispiel für den Historismus und das gelungenste Werk der Ringstraßenzeit. (Führungen Mo–Fr 10, 11, 14, 15, 16, Do auch 17 und Fr auch 13, Sa 10, 11, 12, 13 Uhr; Mitte Juli bis Mitte Sept. häufiger; www.parlament.gv.at)

Kunst- und Naturhistorisches Museum **14**

Die Museumszwillinge am Maria-Theresien-Platz wurden von Karl Hasenauer (Innenarchitektur) und Gottfried Semper (Fassaden) in Anlehnung an die italienische Renaissance entworfen. Weit bedeutender als die Architektur sind aber ihre Sammlungen:

7 Das ***Kunsthistorische Museum** enthält unzählige Kostbarkeiten, die das Haus Habsburg über die Jahrhunderte zusammengetragen hat. Hauptanziehungspunkt ist die Gemäldegalerie im ersten Stock. Die weltweit viertgrößte ihrer Art bietet einen Querschnitt durch die Geschichte der europäischen Malerei. Vertreten sind unter anderem Rubens, Rembrandt, Brueghel d.Ä., van Eyck, Dürer, Raffael, Tizian, Veronese und Bosch. Schöne Dekoration im Treppenhaus. (Di–So 10–18, Do bis 21 Uhr, www.khm.at)

Das gegenüberliegende ***Naturhistorische Museum** ist kein so starker Besuchermagnet. Dabei präsentiert es – in einer besonders stimmigen, weil teils etwas antiquierten aber charmanten Art – eine der bedeutendsten Sammlungen Europas. Zu ihren Schätzen zählt die kleine Kalksteinfigur der »Venus von Willendorf«, mit 20 000 Jahren der zweitälteste Fund menschlicher Kultur in Österreich, die vor ca. 200 Jahren ausgestorbene Stellersche Seekuh und vieles mehr. (Do–Mo 9–18.30, Mi bis 21 Uhr, www. nhm-wien.ac.at)

8 ****Museums-Quartier** 15

Überquert man den Museumsplatz, steht man vor der neuesten Attraktion Wiens: Hochkarätige Museen siedelten aus ihren alten beengten Räumen ins neue MuseumsQuartier. (MQ).

Fast zwanzig Jahre wurde um das Kulturzentrum in den barocken ehemaligen Hofstallungen gestritten. Doch dann gelang ein Kompromiss, der die alten Trakte revitalisiert und mit kühnen Neubauten vereint. Die interessanten Entwürfe lieferten das Architektenduo Ortner & Ortner sowie Manfred Wehdorn.

Zu den bedeutendsten Sammlungen gehört das **Museum Moderner Kunst Stiftung Ludwig (MuMoK).** Es besitzt wichtige Werke fast aller Stilrich-

Auch Kunstgenuss braucht Pausen: Kunsthistorisches Museum

tungen des 20. Jhs. – von Realismus, Surrealismus, geometrischer Abstraktion, Informel, Pop Art, über Happening zu Objektkunst. (tgl. 10–18, Do bis 21 Uhr)

Das **Leopold Museum** enthält die weltgrößte Sammlung von Gemälden Egon Schieles, aber auch Werke von Klimt, Alfred Kubin und Oskar Kokoschka sowie Möbel und Tafelgeschirr, entworfen von Otto Wagner, Adolf Loos und Josef Hoffmann (tgl. 10–18, Do bis 21 Uhr).

Die **Kunsthalle Wien** bietet große themenspezifische Ausstellungen internationaler zeitgenössischer Kunst (tgl. 10–19, Do bis 22 Uhr). Kulturgenuss versprechen weiterhin u.a. Institutionen wie das **quartier 21**, ein **Kindermuseum** und **-theater**, das **Architekturzentrum** und das **Tanzquartier.**

❗ Infos zum MQ finden Sie unter www.mqw.at

Autofreie Zone: der Spittelberg

Restaurants

Im weitläufigen Areal des MQ kann man nicht nur Kunst, sondern auch kulinarische Köstlichkeiten genießen:

■ Das **Café-Restaurant Halle** z.B. ist weithin bekannt für seine hervorragende Küche und das schicke Ambiente (tgl. 10–2 Uhr).

■ Im **Milo**, unmittelbar neben dem Architekturzentrum, gibt's unter türkischen Deckenkacheln leichte, mediterrane Kost (Mo–Fr 9–24, Sa 10–24, So 10–18 Uhr).

■ Im **Café Leopold** gibt es des Öfteren qualitätvolles DJ-Live-Programm und im Sommer eine schöne Terrasse (So–Mi 10–2, Do–Sa bis 4 Uhr).

Spittelberg 🔟

Das Gassenlabyrinth des in den späten 1970er-Jahren mustergültig revitalisierten und zur Fußgängerzone erklärten Viertels Spittelberg bietet einen authentischen Eindruck davon, wie die Wiener Vorstadt im Biedermeier aussah. Interessante Kunsthandwerksläden und idyllisch-malerische Hinterhöfe laden zum Stöbern und Flanieren ein. Cafés und Beisln mit typischer Hausmannskost und gemütlichen »Schanigärten« sorgen für einen stimmungsvollen kulinarischen Ausklang.

Shopping

Schokov, ein »süßer Laden«, lässt mit seinem Angebot von 200 Schokoladen-Sorten von 20 Firmen aus 15 Ländern die Herzen von Leckermäulern höher schlagen. Besonders beliebt: die »Schoko to go«.
Siebensterngasse 20 und Ringstraßen-Galerien, Kärntner Ring 11

Die Habsburger

Das berühmte Adelsgeschlecht bestimmte ab dem Ende des 13. Jhs. die Geschicke der östlichen Alpenländer: Rudolf I. schlug als deutscher König den Böhmen Ottokar II. Premysl in der Schlacht auf dem Marchfeld und gewann die Herzogtümer Österreich und Steiermark. Den Aufstieg zur Weltmacht leiteten Friedrich III. und sein Sohn Maximilian I. ein. Sie fügten ihrem Reich Teile Burgunds und Spaniens sowie Neapel, Sizilien, Böhmen und Ungarn hinzu.

Karl V. tritt die österreichischen Erblande an seinen Bruder Ferdinand ab; dadurch entsteht eine spanische und eine österreichische Linie. Auf letztere warten schwierige Zeiten: Die Türken besetzen einen Großteil Ungarns. Aus dem Nordwesten dringt der Dreißigjährige Krieg in das Land vor. Erst als 1683 die Türken vor Wien endgültig geschlagen werden, erlebt das Reich unter Leopold I. und Karl VI. eine neue goldene Ära: den Barock. 1713 ermöglicht Karl seiner Tochter Maria Theresia die Nachfolge. Gemeinsam mit ihrem Gatten Franz Stephan startet sie ein umfassendes Reformwerk, das ihr Sohn Joseph fortführt. Als 1790 Leopold II. die Regentschaft antritt, sind die Leibeigenschaft abgeschafft, die Schulpflicht eingeführt, die Religionsfreiheit gesetzlich verankert, Staat und Kirche weitgehend getrennt.

1806 beendet Franz II. das 1000-jährige Heilige Römische Reich Deutscher Nation und legt die Kaiserkrone nieder. Die sozialen Spannungen entladen sich in der Revolution von 1848. Ferdinand I. dankt zugunsten seines Neffen Franz Joseph ab – eine lange und tragische Regentschaft beginnt.

Der erst 18-Jährige schlägt die Revolution nieder; 66 Jahre später löst er mit dem Ultimatum gegenüber Serbien den Ersten Weltkrieg aus. Er muss den Selbstmord seines Sohnes (1889), die Ermordung seines Bruders Maximilian (1867), seiner Frau Elisabeth (1898) und seines potenziellen Nachfolgers, Erzherzog Franz Ferdinand (1914), erleben. Nach seinem Tod 1916 besteigt Großneffe Karl für zwei Jahre den Thron. Dann hebt die Republik Österreich die Herrscherrechte der Habsburger per Gesetz auf – das Ende einer der großen europäischen Dynastien.

Das mittel-alterliche Wien

– ❷ – ***Stephansdom ›
*Museum für Angewandte
Kunst › Heiligenkreuzer Hof ›
Hoher Markt › Judenplatz ›
Freyung

Dauer: mind. 4 Stunden
inklusive Stephansdom, ohne
Museen
Praktische Hinweise: Der Ausgangspunkt Stephansplatz ist
per U-Bahn (Linien U 1, U 3)
aus allen Himmelsrichtungen
einfach erreichbar. Wer auf
dem recht langen Fußweg
ermüdet, kann zwischendurch
auf einen der kleinen City-
Busse umsteigen. Linie 1 A
verkehrt entlang der Ost-West-
Achse zwischen Schotten- und
Stubentor, 2 A in Querrich-
tung, zwischen Helden-,
Stephans- und Schwedenplatz.

9 ***Stephansdom 17

Ein Wunderwerk der Stein-
metzkunst aus 20 000 m³ Sand-
stein, 108 m lang und 39 m hoch,
die Spitze des Südturms erreicht
gar 137 m – gleich am Anfang des
Rundgangs steht der Höhepunkt
der Wiener Gotik und das geliebte
Wahrzeichen der Stadt. Seine
Baugeschichte beginnt im frühen
12. Jh. als man für die Babenberger Markgrafen eine romanische Basilika schuf. Doch das dem
hl. Stephan geweihte Haus fiel
zwei Bränden zum Opfer. An
seiner statt errichtete man um

1260 über demselben Grundriss
eine neue, ebenfalls romanische
Pfarrkirche. Ihre Reste, das Riesentor und die zwei Heidentürme,
bilden bis heute die Westfassade
des Doms. Schon eine Generation
später begann man im Auftrag
Herzog Albrechts II. mit dem
gotischen Neubau. Nacheinander
entstanden der Hallenchor, das
Langhaus und der Südturm. Als
jedoch Anfang des 16. Jhs. den
Wienern ein Angriff der Türken
drohte, steckten sie ihr Geld statt
in den Dom lieber in Befestigungsanlagen und stellten den
Bau des Nordturms ein. Erst 1579
erhielt er seinen heutigen Helm
im Renaissancestil.

Jahrhundertelang blieb der
Turm unversehrt. Verheerende
Schäden erlitt er erst im April
1945, als er während der letzten
Kriegskämpfe in Brand geriet. Den
raschen Wiederaufbau des Doms
empfanden die Menschen in ganz
Österreich – nach Austrofaschis-
mus und Hitler-Diktatur – als
Symbol für die Verbundenheit mit
dem geistigen Erbe des Landes.

Der Dom steht Besuchern Mo
bis Sa 6–22, So 7–22 Uhr offen.

Außenrundgang

Den Rundgang entlang der
Außenfassade beginnt man am
besten zu Füßen der Heidentürme. Zur Linken des spätroma-
nischen Portals kann man noch
die im Mauerwerk verankerten so
genannten »Wiener Maße« sehen,
einen Brotlaib und ein Längen-
maß aus Eisen, mit deren Hilfe
früher wohl mancher betrügeri-

Mit 250 000 farbigen Glasurziegeln ist das Dach des Stephansdoms gedeckt

sche Geschäftsmann entlarvt wurde, der es mit dem Messen nicht so genau nahm.

Umwandert man den Stephansdom im Uhrzeigersinn, kommt man zuerst am **Bischofstor** vorbei, durch das in vergangenen Tagen nur die weiblichen Besucher das Innere betraten. (Sein »männliches« Gegenstück bildet an der Südseite das Singertor.) Unmittelbar daneben steht die **Dombauhütte**, in der mehr als ein Dutzend ganzjährig beschäftigte Restauratoren ihre Büros und Werkstätten haben.

Es folgt der **Nordturm**, dessen knapp 60 m hohe Aussichtsplattform vom Dominnern bequem per Lift erreichbar ist (April–Okt. 8.30–17.30, im Winter bis 17, Juli/Aug. bis 18 Uhr). Die Sorge, dass die berühmte »Pummerin« dort oben das Trommelfell erschüttert, ist übrigens unbegründet. Die über 20 t schwere Glocke erklingt nur zu festlichen Anlässen, etwa zum Jahreswechsel.

An der Nordostecke ragt die **Kapistrankanzel** aus der Fassade. Von ihr appellierte 1451 der italienische Franziskaner Johannes Capistranus leidenschaftlich an die Wiener, in den Kreuzzug gegen die Osmanen zu ziehen.

Wenn Sie über die nötige Kondition verfügen, sollten Sie

05

Zur Rechten des Domhauptportals erinnert das Kürzel »O5« an traurige Zeiten: Es diente den Widerstandskämpfern während der siebenjährigen Besatzung durch das Dritte Reich als Geheimcode: »O« plus der fünfte Buchstabe im Alphabet, das »E«, ergibt »Ö« für Österreich, das ja nach dem Zwangsanschluss an das Deutsche Reich Ostmark genannt wurde.

Echt gut! **die 343 Stufen zur Türmerstube emporsteigen**, denn von dort oben schaut man nicht nur der Innenstadt »ins Dekolleté« ; man bekommt auch einen Eindruck von der Feinheit der Ziselier-arbeiten an der Fassade (tgl. 9–17.30 Uhr).

Innenraum

Noch mehr Attraktionen als an seiner Außenhaut hält der Dom unter dem hohen Netzrippen-gewölbe seines Innenraums bereit (Mo–Sa 6–22, So, Fei ab 7 Uhr). Nahe dem Haupteingang in das dreischiffige Langhaus steht die **Echt gut!** **berühmte spätgotische Kanzel** (um 1514). Sie zeigt außer den Büsten von vier wenig schmei-chelhaft gezeichneten Kirchen-fürsten an ihrem Sockel auch das vom Volksmund »Fenstergucker« genannte Selbstporträt des Dom-baumeisters Anton Pilgram.

Weitere Höhepunkte der Aus-stattung sind in der Mitte der

Nordwand der ebenfalls von Meister Pilgram geschaffene **Orgelfuß** – wieder mit einem Porträt –, der mit Heiligengestal-ten übersäte **Wiener Neustädter Altar** in der linken sowie das filig-ran verzierte marmorne **Hochgrab Friedrichs III.** in der rechten Seitenkapelle. Mehr als alle Details und Einzelkunstwerke verzaubert aber die unvergleichliche Aura und Atmosphäre des Gebäudes.

Unter dem Nordturm führt eine Treppe in die **Katakomben** hinab. Hier unten liegen nicht nur die Skelette Tausender Wiener, die im Zuge der Auflösung des St. Stephans-Friedhofs exhumiert wurden, sondern auch die Urnen mit den Eingeweiden jener Habs-burger, die in der Kapuzinergruft bestattet liegen. (Führungen Mo-Sa 10–11.30, 13.30–16.30 Uhr, So und Fei nur nachmittags jeweils halb- oder viertelstündlich.)

Stephansplatz

Das ***Dom- und Diözesan-musem** 🔟 birgt eine einzigartige Sammlung im Erzbischöflichen Palais (Eingang im Hof des Hauses Stephansplatz Nr. 6) und bietet anhand zahlloser Plastiken, Tafelbilder, Reliquiare und liturgi-scher Geräte einen sehr guten Überblick über die Sakralkunst vom Mittelalter bis ins vorige Jahrhundert. Das Bildnis Herzog Rudolfs IV. (1339–365), des Stifters, gilt als das erste nördlich der Alpen gemalte Porträt. (Di–Sa außer Fei 10–17 Uhr)

Im selben Gebäudekomplex, Ecke Stephansplatz/Rotensturm-

Prachtvolles Karolingisches Evangeliar im Dommuseum

straße, hat der Hersteller der weltbekannten Manner-Schnitten seinen **Flagship-Store** eröffnet. Wie wär`s also nach all den intensiven Besichtigungen mit einer Portion der leckersüßen, rosarot verpackten Nougatwaffel?

Der »Steffl« spiegelt sich in der ultramodernen Glasfassade des **Haas-Hauses**. Der Konsumtempel wurde Ende der 1980er-Jahre vom Architekten Hans Hollein im damals aktuellen Stil der Postmoderne entworfen und die Café-Bar (❯ S. 81) sowie das Restaurant im 6. und 7. Stock offerieren einen unvergleichlichen Panoramablick.

Noch eine lohnende Station für Kunstbeflissene: die *****Schatzkammer des Deutschen Ordens**. Zu sehen gibt es die Ordensinsignien, Tafelgerät, Gläser, Kelche, Waffen und als Kuriosität eine praktische »Natternzungen-Kredenz«, die zum Entgiften vergifteter Speisen diente. (Mo, Do, Sa 10–12, Mi, Fr, Sa 15–17 Uhr)

*****Mozarthaus** 19

Berühmtester Gast des Deutschen Ordens war übrigens Wolfgang Amadeus Mozart, als er noch Angestellter des Hausherrn, des Erzbischofs von Salzburg, war. Gleich um die Ecke, in der Domgasse 5, steht das Mozarthaus, in dem das Genie 1784–1787 seine glücklichsten Wiener Jahre verlebte. Die für damalige Verhältnisse großzügig dimensionierte Wohnung birgt Möbel und Accessoires, aber auch Bilder und Dokumente aus dem späten 18. Jh. (Tgl. 10–19

Mittelalterliches Wien

In dem etwa von Fleischmarkt, Post-, Riemer- und Himmelpfortgasse sowie Kärntner und Rotenturmstraße umgrenzten Viertel können Sie ein Weilchen herumwandern und die Atmosphäre auf sich wirken lassen. Pferdefuhrwerke rumpelten hier einst mit Getöse über das Kopfsteinpflaster, Wäschermädel in bauschigen Röcken sahen verstohlen feschen Offizieren in glitzernden Uniformen nach, »Haderlumpweiber« (Hausiererinnen) und »Beindelstierer« (Knochensammler) gingen ihren Geschäften nach, und in schummrigen Winkeln und Passagen warteten leichte Mädchen auf Kavaliere, die selten welche waren.

Bis zu einem gewissen Grad hat dieses mittelalterliche Stadtherz sein altes Flair in den 1970er- und 1980er- Jahren zurückerhalten, als die historische Bausubstanz sehr sorgfältig in Stand gesetzt wurde. Schritt für Schritt renovierte man meterdicke Mauern, verschnörkelte Fassaden und kleine, verschwiegene Innenhöfe mit ihren Durchhäusern, die die Verbindung des Viertels zur Außenwelt herstellten. Auch die »Pawlatschen«, lange, begehbare Holzbalkone, blieben erhalten. Plötzlich zogen wieder Geschäfte und Lokale ein, und neues Leben regte sich in den im Nu begehrten Wohnungen. Besonders malerische Flecken sind die Blutgasse, der Franziskanerplatz und der in seinem Kern aus dem 12. Jh. stammende *****Heiligenkreuzer Hof.

Illusionsmalerei in der Jesuitenkirche

Uhr, www.mozarthausvienna.at; Café im Erdgeschoss.)

Die nach weit verbreiteter Meinung größten und besten Wiener Schnitzel der Stadt bekommt man beim
■ **Figlmüller** (**Wollzeile 5, Tel. 512 61 77**, tgl. 11–22.30 Uhr) kredenzt; nicht nur deshalb empfiehlt sich der berühmte Miniatur-Heuriger als ideale Adresse für die Mittagspause.
■ Als Kaffeehaus wie aus dem Bilderbuch erweist sich mit seinen roten Plüschlogen und Marmortischchen das **Café Diglas** (**Wollzeile 10**, tgl. 8–22.30 Uhr). Die umfangreiche Tageskarte preist so qualitäts- wie gesundheitsbe-

wusste Spezialitäten, als Dessert gibt's ausgezeichnete Kuchen und Torten aus eigener Herstellung.

*Jesuitenkirche 20

Welch verschlungenem Weg auch immer man folgt, er sollte einen vor die ehemalige Universitäts- alias Jesuitenkirche auf dem Dr.-Ignaz-Seipel-Platz führen – sowohl wegen ihrer frühbarocken Fassade als auch wegen der spektakulären, von Andrea del Pozzo im Jahr 1705 geschaffenen illusionistischen Deckenmalereien. Schräg gegenüber steht die *Akademie der Wissenschaften. Sie gilt wegen der reichen Marmor- und Stuckdekorationen sowie der Deckenfresken in ihrem Festsaal als wichtigster im Stil des Rokoko ausgestalteter Monumentalbau Wiens.

*Museum für angewandte Kunst 21

Ein Abstecher aus dem mittelalterlichen Winkelwerk hinaus auf den östlichsten Abschnitt der Ringstraße, den Stubenring, endet bei zwei Juwelen der jüngeren Kunstgeschichte. Das Museum für angewandte Kunst war bei seiner Eröffnung 1871 der Pionier unter den Kunstgewerbemuseen Kontinentaleuropas und hatte größten Einfluss auf das ästhetische Bewusstsein und die industrielle Entwicklung in der gesamten österreichisch-ungarischen Monarchie. Seine Sammlung umfasst die Bereiche Glas, Keramik, Metall, Möbel (v.a. der Wiener Werkstätte), Porzellan, Textilien,

Orientteppiche und Ostasiatika und wird durch hochkarätige Sonderausstellungen ergänzt. Der rötliche Ziegelbau mit seinem glasgedeckten Innenhof stammt von Heinrich Ferstel. (Mi–So 10–18, Di bis 24 Uhr, www.mak.at)

Postsparkassenamt 22

Das kolossale Geschäftsgebäude auf dem Georg-Coch-Platz ist ein Hauptwerk des Architekten Otto Wagners (❯ S. 44). Seine großzügigen Raumlösungen – allen voran der Kassensaal, für den er auch das Mobiliar entwarf – waren zur Entstehungszeit (1904–12) ebenso wegweisend wie die Verwendung neuer Materialien, etwa die Glasbausteine oder die Aluminiumbolzen, mit denen die Marmorplatten innen und außen vernietet scheinen. Der Kassensaal ist zu den Amtszeiten öffentlich zugänglich. (Mo–Mi, Fr 8–15, Do 8–17.30 Uhr)

Restaurant

Wienerisch speisen können Sie auf dem Weg zurück ins Mittelalter **im ältesten Restaurant der Stadt**, dem um 1490 eröffneten Griechenbeisl, auf dessen Gewölbe sich von Mozart und Beethoven bis Einstein prominente Gäste aller Art verewigt haben. **Fleischmarkt 11, Tel. 533 19 77,** tgl. 11–1 Uhr.

Synagoge 23

Der heutige Stadttempel der Israelitischen Kultusgemeinde in der Seitenstettengasse stammt allerdings aus dem Biedermeier. Dass er als einzige der vormals 24 Wiener Synagogen in der Reichskristallnacht im November 1938 von den brandschatzenden Nazihorden verschont blieb, ist indirekt Kaiser Joseph II. zu verdanken. Dieser hatte 1781 in seinem berühmten Toleranzpatent zwar allen nicht katholischen Konfessionen das Recht auf

Beim Postsparkassengebäude verwendete Otto Wagner die allerneuesten Materialien wie Stahlbeton und Aluminium

Den jüdischen Stadttempel schuf der Biedermeier-Architekt Josef Kornhäusel

freie Religionsausübung gewährt, jedoch verboten, dass ihre Gebetshäuser von außen als solche erkennbar waren. Folglich wurde die Synagoge zur Straße hin mit einem ganz gewöhnlichen Profanbau kaschiert und in einen engen Hinterhof gepfercht. Ob sich freilich Josef Kornhäusel, ihr Erbauer und Wiens einziger klassizistischer Architekt von Rang, jemals hätte träumen lassen, dass sein Werk einmal inmitten eines lärmenden Restaurant- und Beislviertels stehen und von schwer bewaffneten Antiterrorpolizisten bewacht werden würde?

Ruprechtskirche 24

Apropos Mittelalter: Im Stadtkern treffen Sie auf das älteste bestehende Gotteshaus Wiens. Der kleine, denkbar schlichte Bau

steht auf einer Anhöhe über dem Donaukanal, von der bereits im Mittelalter eine Stiege hinab zur stark frequentierten Anlegestelle für die Salzschiffe führte. Gegründet worden sein soll es bereits um 740. Nach der Zerstörung des Römerkastells bildete es das Zentrum der Reststadt. Tatsächlich hat man festgestellt, dass die Fundamente aus römischem Baumaterial bestehen. Glanzstücke im recht kargen Inneren sind die farbintensiven Glasmalereien aus dem 13. Jh. – die ältesten in der Stadt – und eine »Schwarze Madonna«, von der die Wiener einst während Seuchen und Türkeneinfällen göttliche Hilfe erflehten.

Dass die Gegend rund um die Ruprechtskirche auch zu einem Zentrum des jüdischen Lebens wurde, geht auf Ferdinand II. zurück. Der in religiösen Fragen ansonsten nicht gerade als liberal geltende Regent gestattete den Juden 1622, hier ihre Bethäuser zu errichten. Jenseits des Donaukanals, im »Unteren Werd« (heutiger Bezirk Leopoldstadt), durften sie sich seit dem Jahr 1620 ansiedeln.

Hoher Markt 25

Die schmale, von zahlreichen teils recht schrägen Modeboutiquen gesäumte Judengasse endet am ältesten Platz Wiens, dem Hohen Markt. Hier, wo im Mittelalter Narrenkotter (Verlies), Pranger und die Schranne, das städtische Gerichtsgebäude, standen, können Sie heute der Stadtgeschichte im wahrsten Sinne des Wortes auf den Grund gehen. Denn unter seinem Pflaster förderten Archäologen Ruinen des Römerlagers Vindobona zu Tage, unter anderem die Fundamente jenes Gouverneurspalasts, in dem Kaiser Mark Aurel längere Zeit wohnte. Das kürzlich generalüberholte ***Römermuseum** erreicht man über Haus Nr. 3 (Di–So, Fei 9–18 Uhr).

Lust auf ein Eis? Dann ab in die Tuchlauben, Nr. 15: In der dortigen Gelateria gibt es **das vielleicht beste italienische Eis Wiens** – leider nur von März bis Sept.

In der Wipplingerstraße stehen sich zwei der prächtigsten Wiener Barockbauten gegenüber: die von Johann Bernhard Fischer von Erlach erbaute ehemalige **Böhmische Hofkanzlei** und das **Alte**

Rathaus, in dem über ein halbes Jahrtausend lang, von 1316 bis 1885, der Wiener Stadtrat tagte. Heute hat hier das Bezirksmuseum Innere Stadt und das Dokumentationsarchiv des Österreichischen Widerstands seinen Sitz.

*Maria am Gestade 26

Die kostbare, zu Unrecht eher wenig beachtete Kirche ist bereits in Annalen aus dem 12. Jh. genannt. Doch seine heutige gotische Gestalt erhielt der an der Längsachse merkwürdig geknickte Bau erst im späten 14. Jh. Anfang des 19. Jhs. war das Gotteshaus in desolatem Zustand; die französischen Besatzer hatten es als Lager und Pferdestall genutzt. Nur knapp entging es mitsamt seinem

Uhr mit Geschichte

Die ***Ankeruhr** in der Ostecke des Hohen Marktes zeigt die Zeit seit 1911 an. Der Jugendstilmaler Franz von Matsch schuf sie als Dekoration für den Schwebebogen, der den Firmensitz der Anker-Versicherungsgesellschaft mit dem Nachbarhaus verbindet. Was die 10 m lange Uhrenkonstruktion zu einem touristischen Anziehungspunkt ersten Ranges macht, ist eine kuriose Figurenparade. Täglich um Punkt zwölf Uhr erscheinen hintereinander zwölf überlebensgroße, aus Kupfer getriebene Persönlichkeiten der Stadtgeschichte, von Mark Aurel bis Josef Haydn. Jeder Auftritt ist von einem für die Epoche typischen Musikstück begleitet.

prächtigen siebeneckigen Turm-
helm dem Abriss – weil sich die
Kosten glücklicherweise als zu
hoch erwiesen.

Judenplatz 27

Auf dem angenehm ruhigen
Judenplatz betritt man noch ein-
mal für die örtliche jüdische
Gemeinde schicksalsträchtigen
Boden. Hier befanden sich im
Mittelalter die Hauptsynagoge,
Badestube und das Spital, die
wichtigste Talmudschule und das
Haus des Rabbi. Vis-à-vis dem
Lessing-Denkmal steht das von
der bekannten britischen Künstle-
rin Rachel Whiteread entworfene
*Holocaust-Denkmal, das in
Form einer steinernen Bibliothek
an die 65 000 österreichischen

Juden erinnert, die während der
Zeit des Nationalsozialismus
ermordet wurden. Gegenüber hat
man vor wenigen Jahren drei
Schauräume zum mittelalterlichen Judentum samt Resten
einer Synagoge eröffnet. (Museum
Judenplatz/Misrachi-Haus, So–Do
10–18, Fr 10–14 Uhr)

Am Hof 28

Der angrenzende Platz überrascht
durch seine Weite. Ein solcher
Freiraum inmitten des winkeligen
Labyrinths? Betrachtet man seine
Vergangenheit, wird vieles klar:
Noch im 11. Jh. war dieses Terrain
völlig unbebaut. Etwa 1155 ließ
sich der Babenberger Heinrich II.
Jasomirgott hier rund um einen
»Hof« seinen Herrschersitz erbauen.

Die Quadraturmalerei im Palais Kinsky lässt den Raum größer erscheinen

Als Kaiser Friedrich Barbarossa zehn Jahre später auf seinem Weg ins Heilige Land in Wien pausierte, war dies erstmals Anlass für glanzvolle Feste. Bald war die Residenz »Am Hof« ein Zentrum höfisch-ritterlicher Kultur, in dem u.a. die Minnesänger Reinmar von Hagenau und Walther von der Vogelweide vor ihr hochadeliges Publikum traten. Ende des 13. Jhs. verlegten die Babenberger ihren Herrschersitz in die neue Burg, die heutige Hofburg.

Sein feudales Flair hat der Hof bewahrt. Dazu tragen das **Märkleinsche Haus**, ein Werk Johann Lukas von Hildebrandts, das **Palais Collalto** und v.a. die ***Kirche Zu den neun Chören der Engel*** bei. Ursprünglich den Karmelitern unterstellt und gotisch, wurde sie im Besitz der Jesuiten barockisiert. Auf ihrem Balkonvorbau besiegelte Kaiser Franz II. 1806 das Ende des Heiligen Römischen Reiches, als er unter dem Druck Napoleons die römisch-deutsche Kaiserkrone niederlegte.

Freyung 29

Die Vergangenheit des nächsten Platzes hingegen, der Freyung, lässt an Würde einiges zu wünschen übrig. Die leere dreieckige Fläche wurde im Verlauf der Geschichte immer wieder als Müllplatz missbraucht. Lange Zeit diente sie Gauklern und Spielleuten als Bühne, auf der häufig auch ein Schnellgalgen für Verräter errichtet wurde. Die umliegenden Bauten allerdings lassen das Herz jedes kunsthistorisch

Interessierten höher schlagen: Da ist das von Lukas von Hildebrandt entworfene **Palais Kinsky** (Haus Nr. 4), daneben das **Palais Harrach** (Nr. 3), gegenüber das **Schubladkastenhaus**, so genannt wegen seiner Ähnlichkeit mit einem Möbelstück, und der 1846 nach Entwürfen des Münchners Ludwig Schwanthaler gefertigte **Austria-Brunnen**. Seine Bronze-

Die besten Bars

■ Das Ambiente ist von urbanem Schick, das Getränkesortiment 1 A. Was die **Onyx-Bar** aber über alle ähnlichen Lokale erhebt, ist ihre spektakuläre Lage, blickt man doch durch die Panoramascheiben direkt auf die gotische Fassade des »Steffl«. **Stephansplatz 12/Haas-Haus, tgl. 9–2 Uhr.**

■ Die **Skybar**, gelegen im 8. Stock des Kaufhaus Steffl, offeriert ihrer illustren Gästeschar zusätzlich zu feinen Cocktails und guter Musik – im Sommer sogar von der eigenen Terrasse – einen Traumblick über die Dächer der Innenstadt. **Kärntner Str. 19, Mo–Sa 13–3, So 18–2 Uhr.**

■ Ein Pilgerort für alle Jugendstil-Liebhaber: Das exquisite Design der kleinen, aber feinen **Loos-Bar** gestaltete anno 1908 der Namenspatron höchstselbst. **Kärntner Str. 10, Do–Sa 12–5, So–Mi 12–4 Uhr.**

■ Lust auf einen gemütlichen Drink in italienischer Atmosphäre? Der Barmann im **Dino's** wacht über ein Reich aus raren Bourbon-Sorten und über 250 Cocktails. **Salzgries 19, Mo–Do 18–3, Sa bis 4 Uhr.**

figuren symbolisieren Elbe, Donau, Weichsel und Po, die damaligen Hauptflüsse der Habsburgermonarchie, sowie die Austria, für die angeblich Alma von Goethe, die Enkelin des großen Dichters, als 17-Jährige Modell stand.

Die nördliche Begrenzung der Freyung bildet das *Schottenstift. 1155 von Heinrich II. Jasomirgott gegründet, erhielt es seine heutige Gestalt im 19. Jh. Die im ersten Stock untergebrachte Gemäldegalerie (Mo–Sa 10–17 Uhr) wurde um mehrere Ausstellungsräume im Kellergewölbe erweitert.

Die gleichnamige **Pfarrkirche** vereint im Tode zahlreiche Größen der österreichischen Geschichte; die bedeutendsten unter ihnen sind die Grafen Win-

dischgraetz, Khevenhüller und Starhemberg sowie der Babenberger Herzog Heinrich II. Jasomirgott. Mit Schotten haben Stift und Kirche übrigens nichts zu tun: Die Mönche, die der fromme Babenberger nach Wien rief, kamen aus Irland, das im Mittelalter »Scotia maior« hieß. Gleich um die Ecke der Freyung, im Palais Mollard, sind das Globen- und das Esperantomuseum zu Hause, beide hoch interessante und in ihrer Art einzigartige Sammlungen (Herrengasse 9, Mo–Mi, Fr, Sa 10–18, Do 10–21 Uhr).

*Palais Ferstel 30

Der mächtige Gebäudekomplex (Nr. 2) mutet dank seiner Arkaden und Loggien seltsam venezianisch an. Er diente nach seiner Erbauung durch Heinrich Ferstel (1856–1860) als Nationalbank und Börse. In seiner Einkaufspassage können Sie noch ein wenig bummeln, es sei denn, Sie sehnen sich gleich nach einer Pause und Stärkung. Die wartet in der Südostecke des Palais , im legendären Café Central. An den Marmortischchen des prachtvollen, mit säulengestützten Bogengewölben versehenen Kaffeehauses (Eingang: Ecke Strauch- und Herrengasse) schlürften zu schon Geistesgrößen wie Egon Erwin Kisch und Karl Kraus, Bert Brecht, Leo Trotzki und Sigmund Freud ihre Melange und planten dabei diverse Revolutionen, sei es der Kunst, der Psychologie oder der Gesellschaftssysteme. (Mo–Sa 7.30–22, So und Fei 10–22 Uhr)

Fast venezianisch: das Palais Ferstel

Das trendige Dreieck

Es geschah gegen Ende der 1970er-Jahre und gänzlich unerwartet: Über 30 Nachkriegsjahre lang war der erste Bezirk im Dornröschenschlaf gelegen – grau, freudlos und nach Büroschluss menschenleer. Da gründeten einige vife Wirte in den düsteren mittelalterlichen Gässchen rund um die Ruprechtskirche eine Handvoll neuer Lokale. Die im Entstehen begriffene Freizeitgesellschaft verlangte, so hatten sie intuitiv erfasst, nach Treffpunkten, an denen sich die Freizeit adäquat verbringen ließ – bei gutem Essen und Trinken in einer die Kommunikation fördernden, einzigartigen Atmosphäre.

Krah-Krah, Roter Engel (heute Neuer Engel), Salzamt und Ma Pitom – so hießen die (bis heute florierenden) Pionierlokale zwischen Rabensteig, Juden- und Seitenstettengasse. Ihr Konzept war, im Nachhinein betrachtet, gar nicht rasend originell. Man betraute namhafte Architekten mit der Innengestaltung (für das sachlich-kühle Salzamt etwa Hermann Czech, für die Liederbar Roter Engel das international geschätzte Duo Coop Himmelb[l]au) und kombinierte auf der Speisekarte Großmutters Hausrezepte mit der soeben in Mode gekommenen Nouvelle Cuisine. Im Nu gaben sich Medien- und Werbeleute die Klinke in die Hand. Andere Prominente und Bohemiens folgten, und in deren Schatten die Adabeis. Gemeinsam tauften sie das »Krätzel« (Gebiet), das binnen kurzem gut zwei Dutzend In-Treffs umfasste, auf den publicityträchtigen Namen »Bermuda-Dreieck«, wohl weil manche Nachtschwärmer darin spurlos verschwanden, erst nach Tagen wieder auftauchten und sich oft an nichts erinnerten.

Mittlerweile hat das Beisl-Wunder auch das Bild verändert, das das Ausland von Wien hat. Aus der gähnend langweiligen Hauptstadt der Tristesse wurde eine quicklebendige Metropole. Die Szene hat sich über die ganze Innenstadt und darüber hinaus ausgebreitet, etwa auf den Spittelberg (7. Bez.), ins Freihausviertel (4. Bez.), in die Gegend Schlossgasse/Margaretenstraße (5. Bez.) oder in die Florianigasse (8. Bez.). Und nach den ehemals stillen Winkeln muss man nun selbst zu später Stunde lange suchen.

Im Wiental

Nicht verpassen!

- Eine Wallfahrt der Sinne beim Bummel über den Naschmarkt, den »Bauch von Wien«
- Per Lift in die Kuppel der Karlskirche, um die barocken Deckenfresken unter die Lupe zu nehmen
- Im Schloss Belvedere auf den Spuren von Prinz Eugen und Gustav Klimt wandeln
- Beim Rundgang durch die Schauräume von Schloss Schönbrunn im kaiserlichen Luxus schwelgen

Zur Orientierung

Der Wienfluss, mit dem die Donaumetropole ihren Namen teilt, erweist sich als ein erstaunlich bescheidenes Gewässer. Doch sein Tal bildet seit dem 19. Jh. schon eine kulturelle Hauptachse der Stadt. Insbesondere den Unterlauf, der über die gesamte Strecke von mehr als 2 km überbaut ist, säumt ein Spalier hochkarätiger Musentempel, vom **Theater an der Wien** über **Künstlerhaus** und **Musikverein** bis zum Konzerthaus. Hinzu gesellen sich Meilensteine der Architekturgeschichte wie die Jugendstilikone **Secession** oder, als Wahrzeichen eines triumphalistischen Hochbarocks, die **Karlskirche**.

Einen weiteren Glanzpunkt aus jener Zeit, da Kaiserhaus und Adel dem endgültigen Sieg über die Osmanen baulich Ausdruck verliehen, stellt, etwas abseits des Wientals, Prinz Eugens über alle Maßen prachtvolles **Schloss Belvedere** dar. Auf Tuchfühlung mit der ungemein facettenreichen Vergangenheit der Stadt lässt sich im **Historischen Museum** am Karlsplatz gehen.

Zuvor schon läuft einem beim Flanieren zwischen den Obst-, Gemüse- und Delikatessenständen des **Naschmarkts** das Wasser im Munde zusammen. Beim Smalltalk mit den Händlern vom Balkan, aus dem Wald- und Weinviertel oder der Türkei bekommt man auch, während man die dargereichten Leckereien verkostet, eine sinnenreiche Idee von der kulturellen Vielfalt, die Wien seit alters her prägt.

Angesichts solcher Dichte an Attraktionen für alle Sinne darf der Rat nicht verwundern, sich für diesen Rundgang wenigstens einen halben Tag zu reservieren – am besten den Nachmittag, denn so kann man nahtlos den Abend in einem der In-Lokale zubringen, von denen es in den dort angrenzenden »Grätzeln« (Wienerisch für ein Wohnviertel) geradezu wimmelt.

Ebenfalls mindestens einen halben Tag erfordert die abwechslungsreiche Besichtigung jenes weltberühmten Schlosses, in dem die Kaiser und ihre Familie seit den Zeiten Maria Theresias ihre Sommer zubrachten: Wien zu besuchen und **Schönbrunn** nicht zu sehen, wäre unverzeihlich. Zumal diese Fünf-Sterne-Sehenswürdigkeit per U-Bahn vom Stadtzentrum aus binnen weniger Minuten erreichbar ist. Neben den imperialen Schauräumen, die den Glanz der Donau-Monarchie eindrücklich wieder aufleben lassen, wartet die ehemalige Residenz auch mit einem herrlichen Park samt großem Palmenhaus, einem zum Kaffeehaus umgebauten Aussichtspavillon und dem ältesten Tiergarten der Welt auf.

Touren durch das Wiental

Das Untere Wiental

– ❸ – Café Sperl › Otto-
Wagner-Häuser › Theater an
der Wien › Naschmarkt ›
Karlsplatz und **Karlskirche ›
*Stadtpark › **Schloss
Belvedere

Dauer: ein halber, mit Muse-
umsbesuchen ein ganzer Tag
Praktische Hinweise: Die reine
Gehzeit vom Startplatz, der
U 4-Station Kettenbrückengasse, bis zum Endpunkt am
Schloss Belvedere beträgt nicht
einmal eine Stunde. Doch die
zahlreichen kulinarischen Ver-
lockungen entlang der Route
und die hochkarätigen Museen
erfordern ein Mehrfaches an
Zeit. Unbedingt sollte man den
Rundgang mit gehörigem
Appetit starten. Denn ob tagsüber, während der Naschmarkt
in Betrieb ist, oder abends,
wenn die vielen Szenelokale
beiderseits der Wienzeile ihre
Pforten öffnen: Die Gründe, da
und dort zwecks Stärkung ein-
zukehren, sind mannigfach.

Café Sperl ❶

Gibt es eine angenehmere Art,
einen Spaziergang zu beginnen,
als bei Kipferl und Melange in
einem Café wie etwa dem Sperl?
Hier, in der Gumpendorfer Straße

11, wo sich ein bunt gemischtes
Publikum aus Journalisten, Touristen und Pensionisten versam-
melt, erlebt man die Institution
des Wiener Kaffeehauses noch
in Reinkultur: die Kuchenvitrine
mit Sachertorte und Apfelstrudel
gefüllt, die Bridgekarten bereitge-
legt, Billardtische und Berge in-
und ausländischer Zeitungen.
Und die Ober, angetan mit
schwarzer Frackweste, Fliege und
Hüfttasche für das pralle Portemonnaie, servieren dem Stamm-
gast das Gewünschte, ohne
danach gefragt zu haben. So gut
kennen sie ihn. Und eine
Geschichte hat das Sperl natürlich
auch: Die Künstler der Secession
gingen hier vor 1900 täglich ein
und aus. (Mo–Sa 7–23 Uhr, So,
Fei außer Juli/August 11–20 Uhr.)

Otto Wagner-Häuser ❷

Irgendwann steigen Sie dann
durch eine der Gassen in das Tal
der Wien hinab. Noch vor gut 100
Jahren befanden sich an den Steil-
ufern des unberechenbaren Flüss-
chens vereinzelt Mühlen und Zie-
gelgruben. Gab es Hochwasser,
kam es immer wieder zu Über-
schwemmungen. Erst Ende des
19. Jhs. zähmte man das Gewässer, indem man ihm ein steinernes Bett schuf und es auf einer
Länge von 2 km überwölbte.
    Parallel dazu entstand unter
der Leitung Otto Wagners die
Stadtbahn, deren Trasse noch

heute der U-Bahnlinie 4 folgt. Einige der insgesamt 30 in den Jugendstilfarben Weiß, Grün und Gold gehaltenen Stationsgebäude werden Ihnen im Verlauf des Weges auffallen. Gleich neben der Station »Kettenbrückengasse« stehen zwei wunderschöne Wohnhäuser, auch sie Zeugnisse von Wagners Talent für spektakuläre Ornamentik. Die Fassade des *Majolikahauses (Linke Wienzeile 40) ist über und über mit bunten Blumenmustern gefliest. Das in Weiß, Gold und Grün gehaltene *Nachbargebäude trägt glänzende Medaillons, Palmblätter und Girlanden, entworfen vom Jugendstil-Designer Kolo Moser. Beide stammen von 1898/1899.

An der Wienzeile wird samstags ab 6 Uhr Wiens großer *Flohmarkt abgehalten. Er bietet ein unterhaltsames Tohuwabohu an Menschen und Waren. Er gilt allerdings als ziemlich leergekauft und überteuert. Schnäppchen finden wenn überhaupt nur Frühaufsteher.

Echt gut!

Das Wiental

0   300 m

Eine Riesenauswahl aus aller Welt finden Sie am Naschmarkt

*Theater an der Wien **3**

Bummelt man über diesen mitteleuropäischen Basar stadteinwärts,
stößt man auf die älteste Bühne
der Stadt: Schier endlos ist die
Liste der Werke, die auf den Bret-
tern des 1801 eröffneten Theaters
an der Wien zur Uraufführung
kamen: Beethovens »Fidelio«
erklang hier zum ersten Mal,
Stücke Kleists, Grillparzers, Nest-
roys und Raimunds hatten hier
ihre Premiere, und Operetten von
Suppé, Zeller, Fall und Kálmán.
Emanuel Schikaneder, den ersten
Direktor des Hauses und Text-
dichter der »Zauberflöte«, kann
man über dem Papagenotor, einem
klassizistischen Seitenportal an der
Ostfassade, in Stein gehauen in
seiner Paraderolle bewundern.
Einige Jahre hatte sich das Theater
als Musicalbühne profiliert; seit

Beginn des Mozartjahres 2006
dient es dauerhaft als zusätzliche,
vornehmlich auf Werke des Barock
und der klassischen Moderne
spezialisierte Opernbühne.

3 Naschmarkt **4**

Daneben beginnt Wiens
größter innerstädtischer Obst-
und Gemüsemarkt. Er ist über
500 m lang und zieht alle Vor-
übergehenden in seinen Bann.
Sein Warenangebot verblüfft
durch eine wirklich umwerfende
Vielfalt, insbesondere seit immer
mehr Händler aus aller Herren
Länder Stände gepachtet haben
und exotische Köstlichkeiten aus
ihren Heimatkulturen anbieten.
Ebenso abwechslungsreich ist die
Auswahl an den Imbissbuden.
Denn in jüngster Zeit ist hier eine
regelrechte Gastro-Meile ent-

standen, an der Köche aus Wien, Italien, Iran, China, Japan, der Türkei, Griechenland u.v.m. um Kunden buhlen.

Akademie der bildenden Künste 5

Geltung weit über die Grenzen Österreichs hinaus genießt die heute einzige Hochschule im deutschsprachigen Raum, der eine Galerie alter Meister angegliedert ist. Und was für eine! Von Hieronymus Bosch (sein Triptychon »Das jüngste Gericht« ist sicher das wertvollste Werk der Sammlung) und Baldung Grien über Cranach, Rubens, Tizian, Murillo und van Dyck bis zu Ruisdael und Rembrandt reicht der Blick auf 500 Jahre heimische, italienische und deutsche, vor allem aber holländische und flämische Malerei. (Di–So und Fei 10–18 Uhr)

Angesichts solcher Fülle sollte man freilich das Gebäude selbst nicht außer Acht lassen. Es wurde 1872–1876 von Theophil Hansen in den strengen Formen der italienischen Hochrenaissance entworfen. Seine Außenfront zieren schöne Fresken, seine Aula ebensolche Deckenbilder.

Secession 6

Ein nicht nur äußerlich sehr gegensätzliches Gebäude erhebt sich, wo der Naschmarkt in den Karlsplatz mündet: ein weiß getünchter, quadratischer Pavillon, den goldene Friese und Medusenhäupter schmücken und eine Kuppel aus 3000 vergoldeten eisernen Lorbeerblättern krönt. Die Rede ist von der Secession.

Ende des 19. Jhs. hatte sich unter diesem Namen – lateinisch secessio = Trennung, Spaltung – wie in anderen europäischen Metropolen auch in Wien eine Gruppe junger Maler, Architekten und Dekorateure zusammengefunden, die sich von den akademisch-konservativen und häufig offiziellen Künstlervereinigungen heftig distanzierte. Als radikale Antwort auf die historistische Architektur der Ringstraße entwickelten sie eine schlichte, geometrische, von floralen Ornamenten geprägte Formensprache, den Jugendstil.

Herausragende Künstler dieser Bewegung waren Otto Wagner und Gustav Klimt. Zu den Mitgliedern und Geistesverwandten zählten zudem Kolo Moser, Josef Hoffmann, Carl Moll, Rudolf von Alt sowie Joseph Maria Olbrich.

Szenetreffs

Zu einem starken Magneten für hungrige und durstige Nachtschwärmer hat sich das so genannte Freihausviertel, die Gegend um die Schleifmühlgasse im 4. Bezirk, gemausert. Hier, zwischen Naschmarkt und Wiedner Hauptstraße, wo im 18. Jh. ein bekanntes Theater stand, auf dessen Bühne sogar Mozarts Zauberflöte uraufgeführt wurde, finden sich Lokale für jeden Geschmack, aber auch zahlreiche interessante Modeboutiquen und Kunstgalerien.

Olbrich entwarf 1897/98 als dreidimensionales Manifest ihrer Prinzipien das Ausstellungsgebäude am Ende des Naschmarkts. Der seinerzeit als handfeste Provokation gemeinte und verstandene Wahlspruch der Avantgardisten prangt in Goldlettern über dem Eingangsportal: »Der Zeit ihre Kunst. Der Kunst ihre Freiheit«. Im Inneren der Secession befinden sich große Teile eines Schlüsselwerks der frühen Moderne: Gustav Klimts *Beethovenfries (Di–So, Fei 10–18, Do bis 20 Uhr).

Echt gut! Zeit zum Rasten. **Ein Kulturdenkmal ersten Ranges ist das Café Museum** (Ecke Friedrichstraße/Operngasse, Mo–Sa 8–24, So, Fei 10–24 Uhr). 1899 von Adolf Loos gestaltet, zeugt es mit seinen kahlen, weißen Wänden, den Bugholzsesseln und Marmor-

tischchen noch heute von jenem Prinzip der betonten Schlichtheit, dem sein Schöpfer so vehement verbunden war. »Café Nihilismus« hieß denn auch sein Werk bei spitzzüngigen Wienern, doch das tat seiner Anziehungskraft bis heute keinen Abbruch. Auch nach der kürzlich erfolgten umfangreichen Renovierung überwiegen im Publikum die Bohemiens.

Künstlerhaus 7

Wenige hundert Meter entfernt, auf dem Karlsplatz, steht der ideologische Gegenpol zur Secession: das Künstlerhaus. In seinen Mauern logierte seit 1868 die »Genossenschaft der bildenden Künstler Wiens«, deren Mitglieder sich vorwiegend am Geschmack des Bürgertums und des kaiserlichen Hofes orientierten, allen voran Doyen Hans Makart. Heute birgt das im Stil der Neo-Renaissance erbaute Gebäude in seinen zwei Flügeltrakten ein Kino und ein Theater. Im Mittelteil finden vielbesuchte Großausstellungen statt.

*Musikverein 8

Auch das benachbarte Musikvereinsgebäude, ein weiteres unter den zahllosen Werken Theophil Hansens, erregt bei Anhängern der Moderne eher Skepsis. Schon das terrakottarote antikisierende Äußere mit seinen Balustraden und Statuen zeugt nicht gerade von der Lust zur Reduktion. Bombastisch aber wirkt der Goldene Saal mit 16 vergoldeten Karyatiden, Kristalllüstern und einer gleißende Kassettendecke. Legen-

Glaskubus der Moderne

Der Karlsplatz ist Bauarbeiten gewohnt. Nachdem die Kunsthalle Wien, die in Form eines gelben, metallenen Riesencontainers zwischen Secession und Künstlerhaus einen scharfen Kontrast gesetzt hatte, vor einigen Jahren schon ins Museumsquartier umgezogen ist, organisieren deren Leiter in einem neuen Glaskubus namens »project space« weiterhin kleinere Sonderausstellungen zeitgenössischer Kunst (Treitlstr. 2, tgl. 13–19 Uhr, www.kunsthallewien.at). Höchst beliebt bei Wiens Bohème ist das Café im Erdgeschoss mit riesiger Terrasse (tgl. 10–2 Uhr).

Zwei Kuppeldächer aus zwei verschiedenen Epochen:
Secession (links vorn) und Karlskirche (rechts hinten)

där ist allerdings die Akustik. Vor allem ihretwegen steht der Musikverein, wie das Gebäude gerne verkürzend genannt wird, seit seiner Eröffnung im Jahr 1869 im Zentrum des Konzertgeschehens. Er ist die **Heimstatt der Wiener Philharmoniker**. Die Walzerseligen kommen seit vielen Jahren im Goldenen Saal voll auf ihre Kosten. Das Neujahrskonzert erfreut via Fernsehen Millionen von Hörern. Neu sind vier hoch moderne kleine Säle im Souterrain.

Karlsplatz

Die weitläufige, vom Verkehr umbrauste Fläche des Karlsplatzes war für die Stadtarchitekten leider schon immer ein Problemkind. Ursprünglich von Gärten, Auen-

wäldern und Weihern bedeckt und nach den Türkenbelagerungen zu einem freien Schussfeld (Glacis) eingeebnet, war auf ihr im Laufe des 19. Jhs. ein Kranz von Gebäuden entstanden. U-Bahnbau und zunehmender Straßenverkehr zerschnitten den Platz in so viele Segmente, dass heute eine städtebaulich befriedigende Gesamtlösung so gut wie unmöglich erscheint.

Karlskirche 9

Wiens bedeutendster Barockbau überragt majestätisch und von allem Hässlichen unbeeindruckt seine Umgebung. »Constantia et fortitudine«, »Durch Beharrlichkeit und Stärke«, lautete der Leitspruch Karls VI., ihres Bauherrn.

Barock vom Feinsten: die Karlskirche

Wer war besser geeignet, ihn architektonisch umzusetzen als die beiden kaiserlichen Leibbaumeister, Johann Bernhard Fischer von Erlach und dessen Sohn Joseph Emanuel? Hoch über dem damaligen Steilufer der Wien errichteten sie einen grandiosen Bau. Dessen patinagrüne Kuppel ist gewaltige 72 m hoch. Die Kombination von Architekturelementen aus verschiedenen Weltgegenden unterstreicht zusätzlich zur höheren Ehre Gottes den imperialen Machtanspruch: Die Mittelfront hat die Form eines griechischen Tempels, die beiden Seitenkapellen sind stilistisch der italienischen Renaissance entlehnt. Ihre Dächer hingegen gleichen chinesischen Pagoden. Und die Triumphsäulen haben ihre Vorbilder in Rom, erinnern aber zugleich an islamische Minarette.

Die Symbolik setzt sich in der Ausstattung fort. Die zwei Engelsfiguren an der Freitreppe stehen für das Alte und Neue Testament, die vier großen Plastiken über der Säulenhalle für die vier Tugenden Bußfertigkeit, Barmherzigkeit, Frömmigkeit und Glaube. In ihrer Mitte thront Karl Borromäus, jener Pestheilige, dem Karl VI. nach der großen Epidemie von 1713 einem Gelübde folgend dieses Gotteshaus errichten ließ. Szenen aus dem bewegten Leben des Kirchenpatrons zeigen die feinziselierten Reliefs auf den beiden 33 m hohen Säulen. Im Innenraum fällt zu allererst das monumentale Deckenfresko von Johann Michael Rottmayr in der ovalen Kuppel auf. Ein besonderes Erlebnis ist die Fahrt mit dem Panoramalift hinauf in die Kuppel.

*Wien Museum Karlsplatz ⑩

In unmittelbarer Nachbarschaft barocker Opulenz steht das Wien Museum Karlsplatz. Über sein mausgraues Äußeres sei gnädig der Mantel des Schweigens gebreitet. Das Haus entstand in der Nachkriegszeit leider in einem Anfall heilloser Geschmacksverirrung. Sehr wohl jedoch von Interesse ist allerdings seine Schausammlung, die die Stadtgeschichte von der Zeit der ersten Keltensiedlungen und des Legionslagers Vindobona über die Babenberger Herrschaft und die 640 Habsburger-Jahre bis in die Gegenwart hinein bestens dokumentiert.

Die zahllosen archäologischen Funde, Rüstungen, von den Türken erbeutete Stücke, Bauteile des Stephansdoms, Gemälde, Möbel, Vertragsdokumente und Veduten sollten Ihnen nicht den Blick verstellen für die zwei original eingerichteten Gedenkräume für Franz Grillparzer und Adolf Loos sowie für ein hölzernes Stadtmodell, das ein sehr genaues Bild von der Topografie Wiens um 1900 vermittelt. In den Räumen des Erdgeschosses zeigt das Museum häufig **sehr interessante Sonderausstellungen**. Stöbern Sie im kleinen Museumsshop ein wenig. Manchmal sind noch Restauflagen von hervorragenden Ausstellungskatalogen erhältlich. (Di–So, Fei 9–18 Uhr, So Eintritt frei, www.wienmuseum.at)

Konzerthaus 🔟 und *Stadtpark

An der Lothringerstraße passiert man das **Konzerthaus**. Der Jugendstilbau aus den Jahren 1912/13 mit seinen drei Sälen bildet in gewisser Weise den Kontrapunkt zum Musikverein. Denn während letzterer überwiegend klassische und romantische Musik aufführt, liegt der Programmschwerpunkt hier auf Kompositionen des 20. Jhs. Höhepunkte in der Programmvielfalt sind Festivals wie Wien modern (Zeitgenössische Musik, im Herbst) oder Resonanzen (Festival Alter Musik, im Januar; Tel. 24 20 02 oder www.konzerthaus.at).

Zum Abschluss geht es durch ein schmuckes Jugendstilportal in den **Stadtpark**. Die 1862 eröffnete,

Ganz in Gold erstrahlt Johann Strauss Junior im Stadtpark.

Vor blauem Himmel macht sich das weiße Schloss Belvedere besonders gut

heute vom Verkehr umflutete grüne Oase von über 100 000 m² Fläche mit Pavillons, Freitreppen, großem Teich und einer Uferpromenade entlang dem Wienfluss ist nicht nur ein Ort der Muße für Anrainer, sondern auch ein Muss für Musikliebhaber. Denn entlang der Wege stehen Denkmäler für Franz Schubert, Anton Bruckner, Franz Lehár, Robert Stolz und Johann Strauß Sohn. Seine vergoldete Statue ist ein beliebtes Fotomotiv.

Zu Lebzeiten gab Strauß im benachbarten, 1867 eröffneten Café Kursalon populäre Walzerkonzerte, bei denen die Wiener Society das Tanzbein zu schwingen pflegte. Heute werden die eleganten Räumlichkeiten für Veranstaltungen vermietet.

**Schloss Belvedere 12

Schon 1693 hatte sich Prinz Eugen als junger Marschall vor den Toren der Stadt Land gekauft. Um die Jahrhundertwende ließ er darauf einen grandiosen Park mit kunstvollen Wasserspielen anlegen. 1714 erteilte er Lukas von Hildebrandt den Auftrag zum Bau des Unteren Belvedere und 1721 schließlich, als die Türkengefahr endgültig gebannt war, jenen zum Bau des Oberen.

Wozu er ein Gartenpalais in doppelter Ausführung benötigte? Das eine benützte er während der Sommermonate (er besaß noch ein Winterpalais in der Stadt) als Wohnstatt, das andere zum Repräsentieren. Entsprechend zahlreich und kostbar ausgestattet sind die Räumlichkeiten des Oberen

Schlosses: Audienzsaal, Spiegel-kabinett, Kunstgalerie, Konferenz-saal, Kaffeezimmer… – für fest-liche Veranstaltungen war ein würdiger Rahmen vonnöten.

Viel bescheidener geriet das Schloss am unteren Ende des 500 m langen Terrassengartens trotz geringerer Größe freilich auch nicht. Sein Inneres verfügt über einen freskenverzierten Marmorsaal, eine Prunkgalerie und einen mit Stuckaturen reich verzierten Spiegelsaal.

Das **Untere Belvedere** und die **Orangerie** werden heute vorwie-gend für temporäre Sonderaus-stellungen genutzt. Aber auch Freunde romanischer und goti-scher Schnitzwerke und Altarbil-der kommen hier auf ihre Kosten: In einem **Schaudepot im zuge-hörigen Prunkstall** werden High-lights mittelalterlicher Kunst aus Österreich, vorrangig Plastiken, Tafelbilder und Flügelaltäre, gezeigt (tgl. 10–12 Uhr und nach Voranmeldung, Tel. 795 57-0).

Das Gros dieser Sammlung freilich ist vor einiger Zeit ins Erdgeschoss des **Oberen Bel-vederes** übersiedelt worden. Dort sind nun auch Glanzstücke der hauseigenen Barocksammlung zu bewundern, darunter Werke des klassischen Genies Georg Raphael Donner und die berühmten »Charakterköpfe« von Franz Xaver Messerschmidt mit ihrer grotesk übersteigerten Mimik.

Hauptanziehungspunkt für ein breites Publikum ist aber im Oberen Belvedere ohne Zweifel die Galerie mit Gemälden des

19./20. Jhs. Vor allem die öster-reichische **Kunst der Jahrhun-dertwende, die klassische Moder-ne und das Wiener Biedermeier** sind in den lichten Räumen reprä-sentativ vertreten, daneben mit einigen Gemälden auch der Impressionismus. Das berühmte Dreigestirn Gustav Klimt, Egon Schiele und Oskar Kokoschka zieht mit seinen so gegensätz-lichen Werken viele Besucher an. Eine vergangene, nur auf den ersten Blick bessere Welt eröffnet

Prinz Eugen

Der »edle Ritter«, wie das Volk den Türkenbezwinger dankbar nannte, war französischer Herkunft und sollte nach dem Wunsch der Eltern eine klerikale Laufbahn ein-schlagen. Da ihm der Sinn jedoch nach einer weltlichen Karriere im Kriegshandwerk stand, klopfte er bei Ludwig XIV. an, wurde aber wegen seiner Kleinwüchsigkeit abgewiesen. Darauf bot der erst 20-jährige Prinz Österreich seine Dienste an, bewährte sich anschließend bei der Türkenbela-gerung vor Wien und stieg schnell zum kommandierenden General der habsburgischen Truppen auf.

Aber nicht nur als Feldherr war Eugen außergewöhnlich erfolg-reich. Generalgouverneur der österreichischen Niederlande, Rat-geber und Vertrauter dreier Kaiser sowie Vorsitzender der Geheimen Staatskonferenz – Eugen vereinte auf seiner Person enorme Macht und ungeheuren Reichtum.

das oberste Stockwerk, vor allem in den Landschaften, Kinderbildern und Genreszenen Ferdinand Georg Waldmüllers (alle Museen im Belvedere tgl. 10–18 Uhr, Unteres Belvedere Mi bis 21 Uhr, www.belvedere.at).

Restaurant

Die richtige Adresse für eine Stärkung bei Kaffee und Kuchen in einem stilvollen Rahmen ist nach der geballten Ladung Kunst das **Café Goldegg** (4., Argentinierstr. 49, Tel. 505 91 62, Mo–Fr 8–22, Sa 8–12 Uhr).

*Arsenal und Heeresgeschichtliches Museum 13

Gleich hinter dem Zwanz'gerhaus schräg gegenüber dem Südbahnhof liegt der Gebäudekomplex des *Arsenals. Sein eher romantisch anmutender byzantinischer Stil darf über seine wahren Zwecke nicht hinwegtäuschen. Es entstand Mitte des 19. Jhs., unmittelbar nach dem Volksaufstand 1848, zur Fabrikation und Lagerung von Kriegsgerät.

Eines der einst 72 Einzelgebäude beherbergt heute das *Heeresgeschichtliche Museum. Die hochinteressante Sammlung informiert über die Geschichte der österreichischen Armee vom frühen 17. Jh. bis zum Beginn des Zweiten Weltkriegs. Ein eigener Raum erinnert an das Attentat von Sarajewo 1914 österreichisch-ungarische Thronfolger Erzherzog Franz ferdinand und seine Frau, das den Ersten Weltkrieg auslöste. Dazu gibt es wechselnde Ausstellungen. (Tgl. 9–17 Uhr; 3., Ghegastraße, S-Bahn Südbahnhof, www.hgm.or.at)

Von Außen mutet das Arsenal orientalisch-romantisch an, innen birgt es aber Kriegsdokumente.

Künstlersuche

Wien ist nicht nur in seinem Herzen
eine Stadt der Musen. Auch jenseits
der Ringstraße respektive der Stadtmauern ist die Kunst seit alters zu
Hause. Will man auf den Spuren der
großen Dichter und Komponisten
wandeln, muss man seine Schritte
deshalb auch in die ehemaligen Vorstädte lenken. Dort lässt sich vielerorts noch der Genius loci erspüren,
der einst die Meister inspirierte.

Das **Geburtshaus Franz Schuberts** zum Beispiel: Schon das Gebäude mit
seinem malerischen Innenhof und den langen Balkonen, so genannten
Pawlatschen, versetzt einen sofort in das Biedermeier. Und das Museum im
ersten Stock verstärkt noch den idyllischen Eindruck. Es zeigt zeitgenössische
Ansichten Wiens aus dem 18. Jh., Faksimiles von Kompositionsblättern und
Briefen des Liederkönigs sowie ein originales Hammerklavier (9., Nussdorfer
Str. 54, Di–So Mo 10–13, 14–18 Uhr).

Vom **Sterbehaus Ludwig van Beethovens** ist nur noch eine Gedenktafel
geblieben. Es stand im 9. Bezirk, in der Schwarzspanierstraße 15. Wenigstens
Fotos davon kann man im **Pasqualatihaus** (Mölker Bastei 8, Di–So 10–13,
14–18 Uhr) sehen, in dem der Meister lange Jahre lebte und komponierte:
Hier entstanden »Fidelio«, sein Violinkonzert und mehrere Symphonien.

Im 8. und 9. Bezirk, Josefstadt und Alsergrund, lebte der große Wiener
Romancier aus der ersten Hälfte des 20. Jhs., **Heimito von Doderer**. Die
Zahl der Kaffeehäuser und Lokale, in denen er regelmäßig verkehrte, ist so
groß, dass nicht alle einzeln genannt werden können. Im Gasthaus Zur Stadt
Paris in der Josefstädter Straße 4 hatte er seinen Stammtisch, woran eine mit
Memorabilien gefüllte Vitrine erinnert. Ort höchster Weihe für seine Verehrer
ist die Strudlhofstiege selbst, jene »terrassenförmige Bühne dramatischen
Lebens«, wie er sie nannte; sie verbindet Liechtensteinstraße und Boltz-
manngasse miteinander. Im Bezirksmuseum wurde nach von Dodereres Tod
1965 ein Gedenkraum eingerichtet (9., Währinger Str. 43, Mi 9–11, So 10–12
Uhr, Juli/Aug. geschl.).

Unweit des Westbahnhofs, in Mariahilf, ist **Joseph Haydn** aus der Welt
geschieden. In seinem Wohnhaus in der nach ihm benannten Gasse (Nr. 19)
dokumentieren Bildnisse, Autographen, Musikinstrumente und Notendrucke
sein Leben und Werk (6., Di–So 10–13, 14–18 Uhr).

Letzte Pflichtstation auf der Spurensuche sind die Erinnerungsräume im
Mozarthaus (1., Domgasse 5, tgl. 10–19 Uhr), wo **Wolfgang Amadeus
Mozart** seine glücklichsten Jahre verbrachte (> S. 75).

Schönbrunn und der Westen

 **Schloss Schönbrunn**

– **❹** – ***Schloss mit Schau-
räumen und Wagenburg** ›
**Park mit Palmenhaus und
*Gloriette** › ***Tiergarten** ›
Technisches Museum ›
Werkbundsiedlung

Dauer: mindestens ein halber, besser ein ganzer Tag.
Praktische Hinweise: Wenn Sie den Zauber der barocken Parkanlage ungestört genießen wollen, sollten Sie möglichst früh aufstehen: Bereits ab 6 Uhr (Nov.–Feb. 6.30 Uhr) sind die Tore geöffnet. Abends stehen Schloss und Gloriette im gleißenden Scheinwerferlicht – auch das ist eine schöne Stimmung. Wenn auch die Führung durch das Schloss maximal 50 Minuten in Anspruch nimmt: Um den Reiz der ganzen Anlage und den darin verstreuten vielen kleineren, aber charmanten Sehenswürdigkeiten auf sich wirken zu lassen, braucht es Zeit und Muße. Zu erreichen ist Schönbrunn von der Innenstadt aus bequem per U-Bahn (U 4 bis Station Schönbrunn oder Hietzing). Zum Technischen Museum geht es mit der U 4 bis Ober St. Veit oder den Busen 54 B, 55 B. Die Wotruba-Kirche erreicht man mit dem Bus 60a ab Endstation Straßenbahn 60 von Hitzing.

Ein schöner, sonniger Morgen? Dann ist dies so ganz ein Tag für Wiens berühmteste Touristenattraktion: die ehemalige Sommerresidenz der Habsburger. Für Museen und Kunstgalerien tun es zur Not auch Regentage, Schönbrunn aber will bei strahlend blauem Himmel besucht werden, dann stellen sich Heiterkeit und Lebenslust ganz von selbst ein. Eine Hoffnung sollten Sie freilich zumindest in der Hochsaison, von April bis Oktober, erst gar nicht hegen: die Anlage für sich allein zu genießen. Schloss und Park Schönbrunn sind mit seinen bis zu 11 000 Tagesbesuchern Österreichs meistbesuchte Touristenziele. Die viel zu wenigen Parkplätze sind dann heillos überfüllt. Und auch für den Fußweg von der U-Bahnstation »Schönbrunn« durch das Meidlinger bzw. das Haupttor zum Schloss bräuchte es eigentlich keine Richtungsschilder, so eindeutig weist die Menschenmenge den Weg.

Die Stimmung im Winter ist von besonderer Art, insbesondere beim Weihnachtsmarkt.

Steht man freilich erst einmal inmitten des euindrucksvollen 24 000 m² großen Ehrenhofs – hinter sich die zwei adlergekrönten Obelisken, die das Haupttor flankieren, vor sich die mächtige ockergelbe Fassade des Schlosses – empfindet man die Besucher kaum als störend, sondern vielmehr als Bestandteil eines barocken Spektakels.

Palmen unter Stahl und Glas im Schlosspark von Schönbrunn

Der Schlosspark

Bevor Sie sich nun in die langen Schlangen einreihen, um ein Ticket für die Innenbesichtigung zu ergattern, empfiehlt es sich, zuerst rechts am Hauptgebäude vorbei, durch den so genannten Kammer- und Kronprinzengarten in den barocken Schlosspark zu wandern. Kunstvoll arrangierte Blumenbeete, geschniegelte Kieswege und schnurgerade Alleen, gesäumt von sorgfältig gestutzten Bäumen und Hecken; dazu **Kunst- und Naturdenkmäler**, wie etwa ein Heckenirrgarten, die vom barocken Geist ihrer Schöpfer ebensoviel erzählen wie die schönsten Prunkgemächer – es ist, als könnte die kaiserliche Kutsche jederzeit um die Ecke biegen. Für Gehbehinderte und müde Gewordene empfehlenswert: die in der warmen Jahreszeit im Halbstunden-Rhythmus durch Schloss- und Tiergarten rollende **Panoramabahn**.

Echt gut!

In der vom Schloss gesehen linken Hälfte des Gartenparterres findet man eine romantisch überwucherte **Römische Ruine**, ein **Taubenhaus**, einen **Kaskadenbrunnen** samt Obelisk, eine Meierei, in der Kaffee und Kuchen serviert werden, und jenen schönen **Brunnen**, der, einst von Kaiser

Matthias entdeckt, der ganzen Anlage ihren Namen gab und dessen klares Wasser seit 1758 aus einer künstlich angelegten, mit einer Figur der Quellnymphe Egeria geschmückten Grotte sprudelt.

Im rechten Parkteil entdecken Sie außer den allgegenwärtigen Götter- und Heldenstatuen einen wunderschönen Rosengarten und **Echt gut!** einen Botanischen Garten, daneben das *Palmenhaus, eine monumentale verglaste Gusseisenkonstruktion aus dem vorigen Jahrhundert, die eine reichhaltige Sammlung exotischer Pflanzen

beherbergt. Gegenüber im neuen Wüstenhaus unter dem Glasdach des ehemaligen Sonnenuhrhauses führt ein Erlebnispfad durch authentische Wüstenlandschaften mit ihrer spezifischen Tier- und Pflanzenwelt.

Der *Tiergarten mit seinen ringförmig angeordneten Gehegen und dem Mittelpavillon, in dem Mitglieder des Herrscherhauses ihre Jause einzunehmen pflegten, entstand 1752 und ist damit der älteste Zoo der Welt. **Echt gut!** Neu dagegen ist das **Regenwaldhaus mit Dschungelflair.**

Schönbrunn und der Westen

0   500 m

Buch-Tipp Ein opulent ausgestatteter Text-Bildband erzählt zugleich Geschichte und Geschichten der habsburgischen Sommerresidenz: Schönbrunn, Elfriede Iby und Alexander Koller, Verlag Brandstätter, Wien 2007.

***Das Schloss

1441 Zimmer – Kabinette und Kammern, Prunksäle und Salons – umfasst das gesamte Schloss. Gerade 40 sind für Touristen zugänglich. Freilich sind es die prunkvollsten und intimsten, darunter das Arbeits- und Schlafzimmer des Kaisers und seiner Frau Elisabeth, die Gemächer der Familie, diverse chinesische Kabinette, das Vieux-Laque-Zimmer mit seinen ostasiatischen Lacktafeln, in dem Maria Theresia als Witwe lebte, das mit Brüsseler Gobelins behängte Napoleonzimmer, das mit kostbarsten Hölzern und 260 indischen Miniaturen getäfelte Millionenzimmer und die 43 m lange Große Galerie, die mit ihren kolossalen vergoldeten Holzlüstern und reichen Stuckornamenten noch heute einen feierlichen Rahmen für Festbankette und Bälle bietet.

Wer nach der Schlossbesichtigung noch Schaulust verspürt, kann sie in der ***Wagenburg** stillen, wo die historischen Wagen, Schlitten und Sänften des Kaiserhauses gezeigt werden. Das Monturdepot enthält höfische Kleidung des 19. und frühen 20. Jhs.

In einem benachbarten Seitentrakt verbirgt sich das **Schlosstheater**, das einzige noch beste-hende Rokokotheater Wiens. In ihm traten einst Haydn und Mozart, ja sogar Mitglieder der Familie Maria Theresias auf. Gegenwärtig nutzen sowohl die Wiener Kammeroper als auch das nahe gelegene Max-Reinhardt-Seminar (die Talentschmiede für das Burg- und andere Theater) die Bühne für Aufführungen. Leider häufig versperrt ist die entzückende frühbarocke Schloss-

Öffnungszeiten in Schönbrunn

Park: tgl. 6, Nov.–Febr. 6.30 Uhr bis Einbruch der Dunkelheit
Schauräume: April–bis Juni, Sept., Okt. tgl. 8.30–17, Nov.–März bis 16.30, Juli, Aug. bis 18 Uhr. Ausführliche Besichtigung (40 Zimmer) mit Führung, Kurzversion (22 Zimmer) ohne Führung. Kinderführungen Sa, So 14.30 Uhr. Tel. 811 13-0; diverse Kombi-Karten!
Gloriette: Terrasse April–Juni, Sept. tgl. 9–18, Juli, Aug. 9–19, Okt. und zweite März-Hälfte 9–17 Uhr, Kaffeehaus tgl. ab 9 Uhr
Wagenburg: Nov.–März Di–So 10–16, April–Okt. tgl. 9–18 Uhr
Tiergarten mit Wüstenhaus: tgl. 9 Uhr bis Einbruch der Dunkelheit, spätestens 18.30 Uhr
Palmenhaus: Mai–Sept. tgl. 9.30-18, Okt. bis April bis 17 Uhr
Irrgarten und Labyrinth: April bis Juni, Sept. tgl. 9–18, Juli, Aug. bis 19, Okt./Nov. bis 17 Uhr
Karten für Schlosstheater: Tel. 7 11 55-0, für Marionettentheater Tel. 817 32 47

kapelle, aber vielleicht haben Sie Glück: Sie enthält ein sehenswertes Deckenfresko von Daniel Gran und ein Altargemälde von Paul Troger.

Viel hat sich in den letzten Jahren zum Vorteil der Gesamtanlage getan: Am Rand des Tiergartens wurde der alte **Tirolerhof**, ein historischer Schaubauernhof im Tiroler Garten, wieder aufgebaut und dient nun als Jausenstation. Außerdem leben hier zahlreiche seltene Haustierrassen wie Noriker- und Huzulen-Pferd, Tauernschecke, Tiroler Steinschaf sowie Montafoner Braunvieh, Pustertaler Sprinzen u.a. Rinderrassen. Der schöne Neptunbrunnen erfuhr eine Generalrenovierung. In der **Orangerie** finden im Sommer abends regel-

Echt gut!

mäßig **hochkarätige und stimmungsvolle Kammerkonzerte** statt (tgl. 20.30 Uhr; Tel. 812 50 04-0, www.vienna-schoenbrunn-tickets.com).

*Gloriette

Ein Stück Schönbrunn von ganz spezifischem Reiz ist die Gloriette, jener klassizistische Kolonnadenbau, der die Hügelkuppe gegenüber dem Schloss beherrscht. Sie wurde 1775 zur Erinnerung an den österreichischen Sieg bei Kolin über die Armeen Friedrichs II. von Preußen errichtet, wobei Säulen und Arkadenteile von einem im Südosten Wiens gelegenen, längst verfallenen Renaissanceschloss Maximilians II. verwendet wurden. Ein kleiner Spaziergang über die Serpen-

Seit 1986 gehören das Ensemble aus Schloss und den Gärten Schönbrunns zum UNESCO-Weltkulturerbe

Geschichte im Zeitraffer

Wer mag diesen Blick nicht alles schon genossen haben: Kaiser Maximilian II., der an der hügeligen, waldreichen Umgebung Gefallen fand, den Landstrich samt der mittelalterlichen, von den Türken zerstörten Kattermühle 1559 kaufte und sich ein erstes Jagdschlösschen baute; die italienische Prinzessin Eleonore von Gonzaga, die das Schloss zusammen mit ihrem kaiserlichen Gemahl Ferdinand II. wieder aufbaute und zu ihrer Sommerresidenz machte, nachdem es erneut verwüstet worden war, diesmal von den Ungarn; und schließlich der begnadete Architekt des Barocks, Johann Bernhard Fischer von Erlach, nachdem Schönbrunn ein letztes Mal (während der Türkenbelagerung von 1683) praktisch dem Erdboden gleich gemacht worden war: Seine im Auftrag Leopolds I. entworfenen Pläne liefen auf eine wahrhaft gigantomanische Palastanlage hinaus. Das Hauptgebäude sollte an der Stelle der heutigen Gloriette stehen und über unendlich lange Seitentrakte, Säulengänge und Wasserfälle mit dem Gartenparterre verbunden sein. Das Vorbild, das es zu übertreffen galt, war das französische Versailles.

Sei es, dass dem Kaiser der allzu protzige Stil missfiel, sei es, dass schlichtweg das Geld nicht reichte – ausführen ließen er und seine Erben jedenfalls eine weit bescheidenere Version. Sie war 1713 vollendet. Seine endgültige, heutige Form erhielt der Palast auf Initiative von Kaiserin Maria Theresia im Stil des Rokoko. Joseph II. und Leopold II. veranstalteten in dem nun endlich auch wohnlichen Schloss prunkvolle Feste. 1805 und für kurze Zeit nochmals 1809 nahm Napoleon in ihm Quartier.

Von allen Habsburgern entwickelte Kaiser Franz Joseph das engste Verhältnis zu Schönbrunn. In seinen Mauern erblickte er im August 1830 das Licht der Welt, und hier nahm er 1916 von ihr Abschied. Während seiner 68-jährigen Regentschaft (1848–1916) wurde der Gebäudekomplex neben der Hofburg zum zweiten Regierungssitz und zu einem Schauplatz der Weltpolitik. Der deutsche Kaiser Wilhelm I., Zar Alexander II., Belgiens König Leopold und Sultan Abdul Aziz aus Istanbul – an prominenten Gästen fehlte es nicht. Und auch noch in der heutigen, republikanischen Zeit führt fast jeden offiziellen Besuch der Weg hinaus nach Schönbrunn.

Buch-Tipp Zwei exzellente Biografien der Historikerin Brigitte Hamann machen mit der Welt der Habsburger näher bekannt: **Rudolf – Kronprinz und Rebell** (2006) und **Elisabeth** (1998), beide erschienen als Taschenbuch beim Piper Verlag, München.

Hauptblickfang des Gartens und Aussichtspunkt zugleich ist der Ruhmestempel Gloriette im Garten von Schönbrunn

tinenwege zu dem luftigen, aus einem Triumphtor und zwei Seitenflügeln bestehenden Gebäude, das heute ein Café birgt (tgl. ab 9 Uhr), verspricht eine prächtige Aussicht auf Schloss und Stadt.

Das kulinarische Angebot in Schönbrunn ist vielfältig: Österreichische Spezialitäten und Apfelstrudelshows live bietet das **Café Residenz** (**Kavalierstrakt, Ehrenhof links, Tel. 241 00, www.cafe-wien.at**), im **Pavillon des Tiergartens** werden kleine Speisen serviert, im **Tirolerhof** Zünftiges aus alpiner Küche und in der **Gloriette** hat man wieder die Möglichkeit, wie Maria Theresia anno dazumal,

in luftiger Höhe und durch Glastüren vor dem Wind geschützt einen Kaffee oder Imbiss zu nehmen (ab 9 Uhr bis Parksperre).

*Technisches Museum

Nur fünf Gehminuten von Schönbrunn entfernt befindet sich das Technische Museum, eine der modernsten Technikschauen Europas, thematisch geordnet, interaktiv und multimedial. Für Kinder von drei bis sechs Jahren gibt es einen eigens gestalteten Erlebnisbereich. Sonderausstellungen ergänzen das attraktive Angebot. Der Museumsshop bietet spannende Geschenke für alle Altersgruppen. (Maria-

hilferstr. 212, Tel. 899 98 60 00,
www.tmw.ac.at, Mo–Fr 9-18, Sa,
So, Fei 10–18 Uhr)

Werkbundsiedlung

Weitere architektonisch interessante Kleinode, die nicht viele
Bewohner Wiens kennen, ver-
sammelt vor allem der Westen der
Stadt. Abgesehen von den Werken
Otto Wagners (❯ S. 44) ist vor
allem die Werkbundsiedlung in
Hietzing die kleine Anreise in den
13. Bezirk wert. Sie entstand auf
Initiative des Werkbundes, eines
Vereins zur Förderung material-
und formgerechter handwerk-
licher Qualitätsarbeit. Aus Anlass
der internationalen Werkbund-
ausstellung 1930 entwarfen unter
der Leitung Josef Franks namhafte Architekten Typen- und
Reihenhäuser mit Wohnungen
auf kleinstem Raum, die dann die
Wiener Stadtverwaltung bauen
ließ. An dem Projekt, das als eine
der wichtigsten Manifestationen
der Moderne in Österreich gilt,
nahmen unter anderem Clemens
Holzmeister, Gerrit Rietveld, Josef
Hoffmann, Adolf Loos, Hugo
Häring, Anton Brenner, Oswald
Haerdtl, Margarete Schütte-
Lihotzky und Richard Neutra teil.
Die Siedlung ist natürlich bewohnt
und deshalb nur von außen zu
besichtigen. (Jagdschlossgasse/
Veitingergasse; Buslinien 54 B
und 55 B ab U-Bahnstation Ober
St. Veit, Linie 4)

Hietzing war übrigens von
jeher ein wohlhabender Bezirk.
Welcher Prestigegewinn, in räum-
licher Nähe zum Kaiser zu

Spielerisch die Welt begreifen: im
Technischen Musem

wohnen! Im Umfeld des Schlosses
Schönbrunn stehen auch einige
architekturhistorisch höchst interessante Villen.

Die **Villa Steiner** (St.-Veit-
Gasse 10) zum Beispiel ist das
erste von Adolf Loos neu erbaute
Haus und lässt dessen Grundprin-
zipien – strenge Gliederung und
Raumökonomie – bereits gut
erkennen. Mit dem **Haus Scheu**
(Larochegasse 3), erbaut 1912 bis
1913, verwirklichte er erstmals
die Idee des Terrassenhauses.

Die **Villa Skywa-Primavesi**
(Gloriettegasse 18) schuf Josef
Hoffmann 1913–1915. Das streng
symmetrische, repräsentative
Gartenwohnhaus ist scheinbar

dem Klassizismus verpflichtet, wirkt aber durch die schmalen, hohen Fenster und die wuchtige Gestaltung der horizontalen Linien gedrungen und schwer.

Restaurants

Wer in Hietzing ist, darf an den folgenden Lokalen nicht vorbeifahren:
■ Nach dem Motto »Wo der Tafelspitz zu Hause ist« kredenzt die dortige

Die besten Aussichtspunkte

■ Von der **Türmerstube** des Stephansdoms späht man der historischen City gleichsam ins Dekolleté (❯ S. 73)
■ Vom **Oberen Belvedere** überblickt man Alt-Wien (fast) so wie Canaletto es malte (❯ S. 95)
■ Den spektakulärsten Blick auf die östlichen Stadtteile eröffnet die **Plattform auf dem Donauturm** (❯ S. 119)
■ Ganz Wien und zudem das Wiener Becken bis zu den Karpaten liegen einem vom **Kahlen- oder Leopoldsberg** zu Füßen (❯ S. 125)
■ Für Wanderer: Hoch über den Wipfeln des Wienerwalds scheint man auf der Spitze der **Jubiläumswarte** (16., Gallitzinberg, ca. 1 ½ Std. zu Fuß von Neuwaldegg oder Hütteldorf) bzw. der **Habsburgwarte** (19., Hermannskogel, ca. 1 ½ Std. von Grinzing od. Sievering) zu schweben.
■ Die schönste Perspektive auf Schloss Schönbrunn und das westliche Wien genießt man von der **Dachterrasse der Gloriette** (❯ S. 102)

Gastronomenfamilie Plachutta im **Hietzinger Bräu** Rindfleisch exquisit auf Alt-Wiener Art, z.B. Ochsenschleppgulasch mit Serviettenknödel (**13., Auhofstr. 1, Tel. 8 77 70 87**, Mo–Fr 11.30–15, 18–23.30 Uhr, Sa, So durchgehend warme Küche).
■ Direkt gegenüber, bei **Mario**, herrscht mediterrane Leichtigkeit. Hier serviert man hervorragende Pasta-, Fisch- und Fleischgerichte, und hernach an der Bar feine Weine, erfrischende Säfte und Cafés (**Lainzer Str. 2**, tgl. 8–0.30, Küche 11–23 Uhr).

*Wotruba-Kirche

Südlich des 13. liegt der 23. Bezirk. Dort steht auf dem Georgenberg, am Rande des erholsamen Lainzer Tiergartens, die Kirche Zur Heiligsten Dreifaltigkeit. Sie wurde auf Initiative der österreichischen Vorstandsdirektorin des Konzerns OMV Dr. Margarethe Ottilinger und nach dem Konzept des Bildhauers Fritz Wotruba zwischen 1965 und 1976 gestaltet. Sie besteht aus geschichteten, glatten Betonkuben, wo zwischen die Glasflächen von individueller Größe eingefügt sind. Wirklich eine der originellsten architektonischen Schöpfungen der Stadt! Natürlich war auch dieses moderne Werk der Architektur heiß diskutiert, doch bereits vor der Fertigstellung des interessanten Baus kamen die Neugierigen und Kunstinteressierten von weit her angereist. (Maurer-Lange-Gasse 137; U-Bahnstation Hietzing der Linie 4, danach Straßenbahn 60 bis Maurer Hauptplatz, von dort Bus 60 A)

Der Osten

Nicht verpassen!

- Eine Rundfahrt mit dem Riesenrad, Panoramablick auf den Prater inklusive
- Lokalaugenschein bei der Ikone alternativer Architektur, dem Hundertwasser-Haus
- Ferien-Feeling Marke Adria genießen – an den Bars und langen Stränden der Donauinsel
- Den Künstlern der Porzellanmanufaktur Augarten über die Schulter sehen

Zur Orientierung

Wien bietet seinen Bewohnern in vielerlei Hinsicht eine hervorragende Lebensqualität und rangiert auf den einschlägigen internationalen Rankings regelmäßig auf den absoluten Spitzenrängen. Aus der Sicht anderer Millionenstädte besonders beneidenswert ist neben der Güte von Wasser und Luft, der hohen Sicherheit und dem dichten Verkehrs-Netz das reichhaltige Angebot, seine Freizeit in weitgehend unversehrter Natur zu verbringen. Zu Recht viel gepriesen ist als grüne Lunge und idyllisches Wanderrevier der Wienerwald. Noch vielfältiger sind freilich die Möglichkeiten für Sportler und Müßiggänger im Osten der Stadt: Die großen Auwälder des **Prater** sind seit nun bald 250 Jahren ein von jedermann viel frequentiertes Erholungsgebiet. Ungleich jüngeren Datums ist die **Neue Donau** und jene künstliche Insel, die sie vom Hauptstrom trennt. Hier können Jung und Alt auf einer Strecke von über 20 km (fast) allen erdenklichen Sportarten frönen.

Entlang der im Folgenden beschrieben Tour harren freilich auch zahlreiche Kulturdenkmäler von Rang der Besichtigung – das **Hundertwasser-Haus** und das Riesenrad zum Beispiel, beides Wahrzeichen Wiens der etwas anderen Art; aber auch die **Urania**, der **Augarten** mit seiner weltberühmten Porzellanmanufaktur oder, als Symbol von Wiens Weltläufigkeit, der Glaspalast namens **UNO-City**. Ein düsteres Kapitel aus der Geschichte der Stadt erkundet, wer das Herz der **Leopoldstadt** durchstreift – jenes Viertel, in dem vor dem Nazi-Terror Wiens an die 200 000 Mitglieder zählende, auf kulturellem, intellektuellem Gebiet immens fruchtbare jüdische Gemeinde beheimatet war.

Auch im Herbst lohnen die Grünanlagen des Praters einen Spaziergang

Tour durch den Osten Wiens

Prater und östliche Bezirke

– ④ – **Prater › **Hundert-wasser-Haus › *Augarten › Leopoldstadt › *UNO-City

Dauer: je nach Erholungsbe-darf im Grünen oder am Fluss ein halber oder ganzer Tag.
Praktische Hinweise: Idealer Ausgangspunkt für die Erkundung des zentralen Teils der Insel zwischen Donau und Donaukanal ist der Praterstern, den man bequem mit der U 1 erreicht. Dieselbe Linie bringt Sie auch über die Donau zu Donauinsel und UNO-City.
In den 3. Bezirk, zum Hundert-wasser-Haus, gelangt man nach einem Spaziergang über die Prater-Hauptallee mit der Straßenbahn 1, in die Leopoldstadt nach dem Umstieg am Schwedenplatz mit der Straßenbahn 2.

11 ****Volksprater**

Das Viertel rund um das Riesenrad war schon gegen Ende des 18. Jhs. ein beliebtes Ausflugsgebiet mit Meiereien, Kaffee- und Wirtshäusern. 1830 eröffnete ein gewisser Basileo Calafati ein »Kunstkabinett für Taschenspielertricks und Geistererscheinungen« und kurz darauf das erste Ringelspiel. Bald folgten Schaubuden, Kegelbahnen und andere Vergnügungsetablissements. Der Volks- oder Wurstelprater war entstanden. Einige charmante Relikte aus dieser Pionierzeit – Grottenbahnen, Schießbuden und ein Pony-Karussell – haben die Zerstörungen des Krieges überdauert und behaupten sich bis heute gegen die schrillen High-Tech-Attraktionen der Jahrmarktsindustrie. Viele Erinnerungsstücke an den alten Wurstelprater (Plakate, Fotografien, Schilder, Ringelspielfiguren usw.) sind im Pratermuseum ausgestellt (2., Hauptallee beim Planetarium, Di–Do 10–13, Fr–So und Fei 14–18 Uhr).

Ein klassisches Prater-Ausflugslokal ist das Schweizerhaus, wo man **traditionell gegrillte Schweinshaxen –österreichisch Stelzen – oder Schweinsbraten** und ein gepflegtes Fassbier bestellt (2., Prater, Straße des 1. Mai 116, Tel. 728 01 52, Mitte März bis Ende Okt. Mo–Fr 11–23 Uhr, Sa, So ab 10 Uhr).

**Riesenrad 1

Inmitten des Volkspraters, Wiens berühmtem Vergnügungsviertel, erhebt sich als eines der Wahrzeichen der Stadt das Riesenrad. Ungezählt sind die Anekdoten, die seine über hundertjährige Geschichte begleiten. Schon bald nachdem der englische Ingenieur Walter Basset 1896/97 die fast 67 m hohe und 430 t schwere

Auf der Alten Donau können auch Hobbykapitäne schippern.

Konstruktion mit ihren 120 Metallspeichen und damals 30 Waggons errichtet hatte, wurde sie nicht nur für beschauliche Aussichtsfahrten gebraucht, sondern auch für allerlei artistische Einlagen missbraucht. Legendär ist das Kunststück der Französin Solange d'Atalide, die Anfang des 20. Jhs. auf einem Gondeldach hoch zu Ross eine Runde drehte. Kaum weniger spektakulär war die Fahrt einer gewissen Marie Kindl, die sich lediglich mit ihren Zähnen an einem von einer Gondel herabhängenden Seil festhielt.

Im Ersten Weltkrieg beschlagnahmte das oberste Militärkommando das große Spielzeug als Beobachtungsposten, im Zweiten wurde es durch Bomben schwer beschädigt. Doch schon bald darauf drehte es sich wieder und erlangte Weltruhm als Kulisse in Carol Reeds Filmklassiker »Der Dritte Mann«. Heute gehört die ca. 14-minütige Runde für jeden Wien-Besucher zum Pflichtprogramm. (Nov.–Febr. 10–20, März, April, Okt. 10–22, Mai–Sept. 9–24 Uhr, Kassenschluss jeweils 15 Min. früher, Tel. 729 54 30, www. wienerriesenrad.at)

*Grüner Prater

Abstand von all dem Rummel gewinnt man bei einem Spaziergang auf der Hauptallee durch den Grünen Prater. Sie ist seit über 30 Jahren von jeglichem Motorverkehr befreit.

Wer in Eile ist oder nicht allzu gehfreudig, schwenkt nach ca. 20 Minuten rechts in die Rotundenallee ein und folgt dieser bis zum Donaukanal. Allen anderen jedoch sei empfohlen, zunächst noch begleitet von den Gleisen der putzigen Liliputbahn, weitere 3 km bis zum Lusthaus zu gehen, um sich dort mit einer **echten Wiener Jause** zu stärken. Das überaus reizende Schlösschen liegt inmitten eines Augebiets, das jahrhundertelang ausschließlich Jagdgebiet für den Kaiser und seine Gäste war und erst 1766 von Joseph II. dem gemeinen Volk geöffnet wurde, das es heute noch mit Vergnügen nutzt. (Mai bis

Sept. Mo–Fr 12–23, Sa, So, Fei 12–18, das restliche Jahr über Do–Di 12–18 Uhr)

****Hundertwasser-Haus** 2

Jenseits der Rotundenbrücke beginnt der dritte Bezirk, die »Landstraße«. Hier, nicht weit von jener Stelle, wo der Wienfluss in einen Donauarm mündete, entstand in der zweiten Hälfte des

— 4 —
Prater und östliche Bezirke

1 Riesenrad
2 Hundertwasser-Haus
3 KunstHausWien
4 Augarten mit Schloss
5 Urania
6 Gasometer-City
7 UNO-City

Eine Reise in das Land der kreativen Architektur: das Hundertwasser-Haus

16. Jhs. der Vorort Weißgerber, die Siedlung der Gerber, Darmwäscher und Fleischer. Noch bis weit ins 18. Jh. stiegen hier nicht nur atemberaubende Düfte in den Himmel, sondern zuweilen auch die Rauchschwaden eines Scheiterhaufens: Auf der »Gänseweide« befand sich eine der Wiener Hinrichtungsstätten.

Doch die düsteren Gedanken vertreibt ganz in der Nähe, an der Ecke Löwen- und Kegelgasse, eine kuriose kommunale Wohnanlage, die seit ihrer Fertigstellung (1985) fast ebenso viele Touristen anlockt

wie das ehrwürdige Schloss Schönbrunn: das Hundertwasser-Haus. Dessen Schöpfer, der bis dahin vor allem durch seine immer gleichen Spiralen-Bilder bekannt gewordene Maler Fritz Stowasser alias Friedensreich Hundertwasser (1928–2000), hat in dem viel diskutierten Unikum mit 50 Wohnungen seine je nach Perspektive zukunftsweisenden oder einfach spleenigen Prinzipien verwirklicht: Statt Kunststoff verwendete er Keramik, statt Stahlbeton Ziegelwerk und Holz; auf Balkonen und Dächern pflanzte

Wiens skurrile Museen

Die Stadt verfügt über rund 100 Museen – mehr als doppelt so viele wie München, das angeblich nach Berlin die höchste Museumsdichte aller deutschen Städte aufweist. Tatsächlich lässt sich in der alten Kaiserstadt besonders lustvoll in der Geschichte schmökern. Mozart, Kaisergruft, Schatzkammer und Römerruinen… – jede Facette der Vergangenheit hat ihren Schrein. Was Touristen freilich häufig übersehen, sind die versteckten musealen Blüten: Sammlungen von Spezialisten für Spezialisten.

Kaum jemand beachtet etwa das **Bestattungsmuseum** (4., Goldeggasse 19, Mo–Fr nach Vereinbarung, Tel. 501 95-0, www.bestattungwien.at), das mit unnachahmlich makabrem Ernst über Sarg- und Urnenmodelle, Leichenwägen und vielerlei andere Accessoires des Totenkults informiert.

Dank seines außergewöhnlichen Themas etwas mehr im Rampenlicht steht das **Kriminalmuseum** (2., Sperlgasse 24, Do–So 10–17 Uhr). Umso unbekannter sind das **Ziegelmuseum** (14., Penzinger Str. 59, 1. und 3. So im Monat 10–12 Uhr, Juli, Aug. sowie Fei. geschl.) oder das **MUK-Museum für Unterhaltungskunst** (2., Karmelitergasse 9, Mi 17.30–19, Sa 14.30–17, So 10–13 Uhr), denn wer interessiert sich schon für die Entwicklung des Ziegels vom römischen Lagerziegel bis zu Ytong oder für alte Clownsgesichter?

Zu den skurrilen Sammlungen gehört auch das **Pathologisch-Anatomische Bundesmuseum** (9., Spitalgasse 2, Mi 15–18, Do 8–11, jeden 1. Sa des Monats 10–13 Uhr, Fei geschl.). Es ist im so genannten Narrenturm untergebracht, einem 200 Jahre alten düsteren Kotter, in dem einst Geisteskranke hausten. Menschen mit einem Faible für Gruselig-Abartiges jedoch können sich am Anblick Eiserner Lungen, aus Wachs nachgebildeter Tumoren und in Formalin konservierter Föten oder der Sammlung von Gallen- und Nierensteinen des Prof. Leopold Ritter von Dittel delektieren.

Von sehr speziellem Charme ist auch die Wachspräparatesammlung des **Museums für Geschichte der Medizin** im Josephinum (9., Währinger Str. 25/1, Mo, Di 9–16, Do–So 10–18 Uhr). Dort sieht man wächserne Blondinen und Männer in Vitrinen malerisch hingestreckt – den Leib vom Hals bis zum Nabel säuberlich geöffnet, auf dass die angehenden Doktores anno dazumal das komplizierte Innenleben des Menschen studieren konnten.

Dazu passt das **Sigmund-Freud-Museum** (9., Berggasse 19, tgl. 9–17, Juli–Sept. bis 18 Uhr), das in den ehemaligen Wohn- und Praxisräumen Freuds eine Dokumentation zu seinem Leben und Werk zeigt.

er Buschwerk und Bäume; Wänden und Böden legte er Dauerwellen an; Fenster und Fassaden wurden in allen Farben bemalt; alles steht im Zeichen der Unregelmäßigkeit.

Fälschermuseum

Gegenüber dem Hundertwasser-Haus liegt das kleine, originelle **Fälschermuseum** mit Stil und Identfälschungen sowie Meisterkopien. Dazu bekommt man spannende Kriminalgeschichten erzählt und hochwertige Plagiate zum Kauf angeboten. (Löwengasse 28, Di–So, Fei 10–17 Uhr, www.faelschermuseum.com)

KunstHausWien **3**

Wenige Gehminuten entfernt, in der Unteren Weißgerberstraße 13,

verwandelte Hundertwasser das Gebäude, in dem früher die Firma Thonet die berühmten Bugholzmöbel herstellte, in das KunstHausWien. Dort werden auf 3500 unebenen Quadratmetern eigene Werke des Meisters und in wechselnden Ausstellungen auch Arbeiten anderer renommierter Künstler aus aller Welt gezeigt. (Tgl. 10–19 Uhr; Tel. 712 04 91, www.kunsthauswien.com) Angeschlossen ist ein Museumsshop.

Die Leopoldstadt

Die Praterstraße war im 19. Jh. das bevorzugte Revier der leichten Muse. Unweit des Nestroyplatzes stand einst das Carl-Theater, dem Wiens genialster Volksdichter Johann Nestroy 1854 bis 1860 als Direktor vorstand. In der Prater-

Jüdische Spurensuche

Vor 1938 hieß die Leopoldstadt im Volksmund Mazzesinsel, nach dem ungesäuerten Brot der Juden. Sie bildete seit Anfang des 17. Jhs., als Ferdinand II. das Ghetto einrichten ließ, das Wiener Zentrum jüdischen Lebens. Dann das furchtbare Ende, Exil bzw. Deportation und Holocaust, dem von Wiens zuletzt 183 000 jüdischen Mitbürgern 181 000 zum Opfer fielen.

Nach dem Krieg suchte man in den Gässchen rund um den Karmeliterplatz – in der Großen Sperlgasse, Hollandstraße, Großen Schiffgasse etc. – vergeblich nach Spuren der alten Tradition. Erst in den letzten Jahrzehnten ist die örtliche jüdische Bevölkerung vor allem durch Einwanderer aus den Gebieten der ehemaligen Sowjetunion, aber auch durch Rückkehrer aus Israel von knapp 5000 auf geschätzte 20 000 angewachsen. Heute kann man wieder Passanten in orthodoxer Tracht begegnen, kann eine Handvoll koschere Läden und Lokale, ja sogar ein jüdisches Gymnasium und eine neue Grundschule finden.

Zugleich hat die Gegend auch für junge, nicht-jüdische Trendsetter spürbar an Attraktivität gewonnen. Die Gassen beiderseits der Taborstraße schicken sich – die reihenweise Eröffnung von unkonventionellen Läden, Cafés und Restaurants dient als Indiz – an, zum neuen In-Viertel zu avancieren.

straße Nr. 54 komponierte Johann Strauß Sohn seinen wohl berühmtesten Walzer, »An der schönen blauen Donau« – Anlass genug für ein kleines Gedenkmuseum (Di–Do 14–18, Fr–So 10–13 Uhr). Nahebei, auf Nummer 28, schwang Joseph Lanner, der härteste Rivale des Walzerkönigs im Kampf um die Gunst des Publikums, seinen Dirigentenstab im Dreivierteltakt. Die merkwürdige Nachbildung eines venezianischen Palazzo schließlich, der Dogenhof auf Nr. 70, ist ein Andenken an »Venedig in Wien«, eine von Kanälen durchzogene und mit Gondeln befahrbare Miniaturstadt, die vor 100 Jahren vergnügungssüchtige Wiener anlockte. All das ist Vergangenheit. Der Gegenwart begegnet man reichlich eindeutig in den angrenzenden engen Quergassen, einem nachts ziemlich quirligen Rotlichtviertel.

*Augarten mit Schloss 4

Höchst wechselhaft klingt die Geschichte jenes 52 ha großen Parks, der sich westlich der Leopoldstadt, an der Grenze zum 20. Bezirk Brigittenau, erstreckt. Ursprünglich war der Auwald einmal kaiserliches Jagdrevier. Erst Ferdinand III. machte aus dem Gebiet um 1650 einen kleinen Garten, den sein Sohn Leopold I. ausdehnte. Ende des 17. Jhs. wurde das heutige Augartenpalais im Stil der architektonischen Kunstwerke Johann Bernhard Fischer von Erlachs errichtet. 1712 trimmte der Gartenarchitekt Jean Trehet, zur selben Zeit mit dem Park des neuen Schlosses von Schönbrunn beschäftigt, im Auftrag Karl VI. die Anlage nach der neuen, der französischen Barockmode: Er legte die Alleewege nach streng geometrischen Mustern an, stutzte die Bäume gleichsam mit Lineal und Wasserwaage zurecht und ließ zur Erbauung der Flaneure allerlei Statuen aufstellen.

Joseph II. schließlich öffnete das Gelände 1775 dem Volk. Eine Inschrift über dem Eingangsportal, das Isidor Canevale zu dem freudigen Anlass schuf, zeugt noch heute von der edlen Tat: »Allen Menschen gewidmeter Erlustigungs-Ort von ihrem Schätzer«.

Die Wiener ließen sich nicht zweimal bitten und inszenierten die Erlustigung mit Hingabe. Ignaz Jahn etwa, seines Zeichens Traiteur (oberster Küchenchef) des Hofes, eröffnete ein »kulinarisches Kulturinstitut«, in dem Wiens Schickeria neben den raffiniertesten Gaumenfreuden auch von Mozart und Beethoven dirigierte Morgenkonzerte genoss. Der Augarten mutierte innerhalb kürzester Zeit zum Freiluftballsaal, der noch von den Delegierten des Wiener Kongresses mit Begeisterung besucht wurde.

Danach freilich begann der Glanz zu verblassen. Der Tiefpunkt war im Zweiten Weltkrieg erreicht, als man den monströsen Flakturm errichtete und auf den Wiesen Schutt ablagerte.

Alt und Neu am Donaukamal: Urania Sternwarte und UNIQA Tower

Nach 1945 wurde der Augarten zur Heimat zweier Wiener Institutionen: Im barocken Augarten palis lernen seit 1948 die Wiener Sängerknaben und in die schöne Orangerie zog die ***Porzellanmanufaktur Augarten** ein. 1718 von dem Niederländer Du Paquier gegründet, hatte sie ihren Sitz anfangs in der Porzellangasse im heutigen 9. Bezirk. Spätestens nachdem Maria Theresia sie 1744 in staatlichen Besitz überführt hatte, zählte die Manufaktur dank der Vielfalt und Qualität ihrer handgemalten Dekors trotz der starken internationalen Konkurrenz von Sèvres, Meißen und Nymphenburg zu den führenden einschlägigen Unternehmen Europas. Ihre Barock-, Rokoko- und später auch Empire-Designs füllten in jedem Palais und jeder bürgerlichen Wohnung die Vitrinen. Heute gehört die Manufaktur der Stadt Wien und setzt die alte Tradition gewissenhaft fort. **Führungen, in deren Verlauf man die Produktion verfolgen kann,** finden Mo–Fr außer Fei um 10 Uhr statt. Verkaufsräume findet man am Stock-im-Eisen-Platz.

Urania 5

Zurück an den Donaukanal, genauer: zum Schnittpunkt von Ringstraße und Franz-Josefs-Kai. Dort erhebt sich ein architektonisch reizvolles, kuppelbekröntes Gebäude – die kürzlich auf Hochglanz polierte Urania. Sie wurde 1910 von Max Fabian als ein Zentrum der Volksbildung konzipiert, das auch eine **Sternwarte** umfasst. Bis heute in dieser Funktion, wurde der markante Gebäudekomplex vor wenigen Jahren generalsaniert und um ein – bei der trendigen Jugend sehr beliebtes –

Szene-Lokal erweitert. Apropos: Zu Füßen der Urania, an der Mündung des Wienflusses, verströmt am Ufer des Donaukanals von ungefähr Mitte Mai bis Mitte Sept. die **Strandbar Herrmann** Ferienfeeling pur – mit guten Drinks und Musik sowie einem echten Sandstrand samt Boulespiel und Liegestühlen.

Gasometer-City 6

Neues Leben in alten Gasometer-Mauern – nicht nur für Architekturfans lohnt sich ein Abstecher mit der U 3 ein paar Stationen ostwärts, nach Simmering in die Gasometer-City. Vier markante Zylinder aus rotem Ziegel, 75 m hoch und mit 65 m Durchmesser, wurden spektakulär umgestaltet.

Nach ihrer Inbetriebnahme 1899 verrichteten die vier Riesenbehältnisse fast 90 Jahre lang ihren Dienst; 1985/86 erfolgte die Stilllegung. In den 1990er-Jahren entdeckte die Techno-Szene die leeren Zylinder und feierte hier ausgelassen Partys, bevor schließlich der Um- und Ausbau des Areals beschlossen wurde. Namhafte Architekten wie Jean Nouvel, Manfred Wehdorn, Wilhelm Holzbauer, Rüdiger Lainer und das Büro Coop Himmelb(l)au lieferten die Entwürfe.

615 Wohnungen sowie Büros, ein Studentenwohnheim und ein Kindertagesheim sind in den ehemaligen Gasometern untergebracht. Die vier Türme wurden durch gläserne Übergänge miteinander verbunden. In den Umbau integrierte man auch die entsprechende Infrastruktur für das neue Wohn- und Geschäftsviertel. Doch nicht nur die Gasometer-Bewohner, auch Wiener aus den anderen Bezirken strömen in Scharen in die große **Shopping-Mall** mit Filialen vieler bekannter High-Street-Shops und gastronomischen Angeboten. Für Unterhaltung sorgt das **Urban**

Leben und Arbeiten im Industriedenkmal: Gasometer-City

Der Leuchtturm ist das Wahrzeichen der Donauinsel

Entertainment Center, das den Gasometern C und D vorgebaut ist. Es beherbergt das Hollywood-Megaplex-Kino mit 12 Sälen, die Bank-Austria-Halle, in der Großveranstaltungen und Konzerte stattfinden, und diverse Restaurants, die sich dem »Eatertainment« verschrieben haben (www.gasometer.at).

Donaukanal und Donau

Auf der Aspernbrücke geht es nun über den Donaukanal. Er bildete vor seiner Regulierung den südlichsten Arm der weit verzweigten Donau und als solcher den Lebensnerv des städtischen Handels. Denn ein Großteil des Warenumschlags erfolgte in alten Zeiten per Schiff, und die Anlegestellen befanden sich im Bereich des heutigen Franz-Josefs-Kais.

Freilich: Dieser Transportweg war alles andere als zuverlässig. Hochwasser häufte mit enervierender Regelmäßigkeit Sandbänke auf und verschmälerte so die Fahrrinne Richtung Norden. Als in der zweiten Hälfte des 19. Jhs. der stadtnahe Arm wieder einmal unschiffbar war, ja sogar seine Austrocknung drohte, beschloss man, das Übel an der Wurzel zu packen. Auf über 16 km – von Nussdorf im Nordwesten bis Simmering im Südosten – wurde dem widerspenstigen Gewässer ein steinernes Korsett angelegt.

Ein ähnliches Schicksal hatte kurz zuvor auch schon den Hauptstrom ereilt. Nachdem mit den Jahren die Vorstädte und Vororte immer dichter an die Ufer seiner Arme und Schlingen herangewachsen waren, grub man ihm mit Hilfe von modernen Dampfbaggern in nur fünf Jahren ein neues, fast schnurgerades Bett. Die Seitenarme wurden zum Teil zugeschüttet und bebaut, zum Teil jedoch – wie etwa die Alte Donau, die Lobau oder das Heustadelwasser im Prater – als Erholungs- und Landschaftsschutzgebiete erhalten, die heute hohen Freizeitwert haben. Als man allerdings einige Jahrzehnte später feststellen musste, dass die Hochwassergefahr nach wie vor nicht gebannt war und zudem der Grundwasserspiegel im Marchfeld, der Korn- und Gemüsekammer Wiens, dramatisch sank, beschloss man, den gesamten Donauraum innerhalb der Stadtgrenzen noch einmal gründlich umzubauen. 1972 wurde auf dem Gelände des bisherigen Überschwemmungsgebiets mit dem Aushub eines 21 km langen Parallelbetts begonnen, das bei Bedarf überschüssige Fluten aufnehmen sollte. 15 Jahre später war die Neue Donau fertiggestellt – eine stadtplanerische Großtat.

*UNO-City 7

Einen seltsamen Namen haben die Wiener den nördlich des Stroms gelegenen Bezirken Floridsdorf und Donaustadt gegeben: Transdanubien – jenseits der Donau. Das klingt etwas nach exterritorialem Gelände, und ein wenig ist es das auch.

Die UNO-City beherrscht gemeinsam mit den angrenzenden, in jüngster Zeit wie Pilze aus dem Boden geschossenen Bürowolkenkratzern den zentralen Bereich des nördlichen Flussufers. Dieses neben New York und Genf dritte Hauptquartier der UNO wurde zwischen 1973 und 1979 errichtet. Sein geistiger Vater war Bruno Kreisky, der Wien damit seine traditionell große Bedeutung als Ort der Begegnung, als Brennpunkt der Diplomatie wiedergab. Längst haben sich selbst die konservativen Wiener an den Anblick dieser exterritorialen Stadt in der Stadt gewöhnt und auch deren über 4500 Beamte aus allen Teilen der Welt im täglichen Leben als Bereicherung für Wien schätzen gelernt. (Führungen mehrmals täglich, Tel. 260 60-3328, www.unvienna.org) **Einen unüberbietbaren Blick auf die Stadt,** den Wienerwald und das Marchfeld genießt man von den beiden Drehrestaurants des nahen Donauturm (Tel. 263 35 72, tgl. 10–23.30 Uhr ●●).

Neue urbane Projekte

Dass die Stadt dem Fluss bald noch näher rücken wird, versprechen mehrere Großprojekte. Zum einen der 1992 eröffnete Rhein-Main-Donau-Kanal, der im Begriff ist, Wien zu einem wichtigen Warenumschlagplatz zwischen Nordsee und Schwarzem Meer zu machen. Zum zweiten das Großkraftwerk Freudenau, das den Fluss im Stadtbereich zu einem See staut. Vor allem aber setzt rund um die UNO-City, entlang der Wagramer Straße und Autobahn ein Büro- und Wohn-Hochhauszentrum Zentrum neue städtebauliche Akzente.

Special

Fun auf der Donauinsel

200 m ist sie breit und über 20 km lang, jene Insel, die die Stadtväter ab 1970 aus Gründen des Hochwasserschutzes parallel zur Donau aufschütten ließen.

Anfangs haben die Wiener das künstliche Eiland, wie nicht anders zu erwarten, gehörig geschmäht. Inzwischen aber ist es voll und ganz akzeptiert – als einzigartiges Strand- und Sportparadies, das dank seiner vielen Esstempel, Bars und Diskos im Hochsommer zu regelrechter Ballermannform aufläuft und längst so manchen Adria-Urlaub ersetzt.

Day ...

Tagsüber ist diese gigantische Binnenadria das Revier der aktiven Sportler aber auch Müßiggänger. Auf ihrem dichten Netz von asphaltierten Wegen ziehen scharenweise Jogger, Wanderer, Radfahrer und Inline-Skater ihre Runden – wobei deren Zahl umso mehr abnimmt, je weiter man sich von der Reichsbrücke in der Inselmitte entfernt.

■ **Rad- und Skateverleih**

Copa Cagrana

Tel. 263 52 42

Mai–Aug. tgl. 9–21 Uhr, April, Sept. nur bis 20, März, Okt. bis 18 Uhr. Verleih von Elektrorollern, Tandems und Rikschas.

■ **Skate Factory**

Tel. 06 64/315 59 00

Kurse für Inline-Skating.

■ **Skinautika**

am Kaisermühlendamm unweit der Donaustadtbrücke, spannt Wasserratten vor den Wasserskilift; mit angeschlossenem Restaurant.

■ **Aquazone**
hinter der Brigittenauer Brücke
tgl. 10–19 Uhr, betreibt eine über
200 m lange Wasserrutsche.

■ **Bootsverleih Hofbauer**
an der Reichsbrücke, Tel. 204 34 35,
April–Sept. tgl. 10–24 Uhr. Verleih von
Tretbooten und Surfbrettern.

... and Night

Nach Sonnenuntergang mutieren
die beiden Uferstreifen nahe der
Reichsbrücke zum Tummelplatz
für – vorwiegend jugendliche –
Nachtschwärmer. »Copa Cagrana«
und »Sunken City« hat man die
Vergnügungsmeilen zu beiden
Seiten des Wassers getauft. Ihre
mehrere Dutzend Bars, Restaurants und Diskos sind nicht eben
sehr elegant, suggerieren aber
dank dem Menschenauflauf, dem
kunterbunten Lichterschmuck
sowie den karibisch-mediterranen
Düften und Klängen, die sie ver-
strömen, erstaunlich authenti-
sches Urlaubsflair. Grund genug
für Abertausende, sich hier in
lauen Sommernächten bis zum
frühen Morgen in bester Stimmung zu verlustieren.

■ **Sansibar**
Tel. 06 76/84 22 34 22
April–Sept. tgl. 18–4 Uhr.
Besonders angesagte Freiluft-
Disko der Copa Cagrana. ●●

■ **Rembetiko**
Tel. 263 66 33
März–Okt. tgl. 10–22 Uhr, Sommer
bis 2 Uhr. Fisch und Meeresfrüchte
vom Feinsten. ●●

■ **Mosquito**
Neue Donau km 5,7
Tel. 283 53 70

April–Okt. tgl. 9–24 Uhr.
Das Mosquito serviert leckere Fisch-
und Grillgerichte, bei gutem Wetter
auch im Garten. ●●

■ **Mardi Gras**
Donauinsel/Schuh-Ski-Haus
Am Damm 1
Tel. 263 37 09
tgl. 9–24 Uhr (im Sommer) bzw. 11–19
Uhr (im Winter).
Hübsches Café-Restaurant mit Bar und
großer Terrasse. Hier kommen Billiard-
spieler auf ihre Kosten. ●●

■ **Couch Potato**
Tel. 06 64/431 40 31
Mo–Do ab 15.30,
Fr–So ab 14.00 Uhr
Ein Wohnzimmergefühl mit Freunden
will diese hübsche Bar vermitteln. Sie
ist klein, gemütlich mit Sofas ausgestattet und liegt auf einem schwim-
menden Floß. Wenn abends die Ufer
beleuchtet sind, kommt dann romantische Stimmung im Hause auf. Kulinarische Spezialität sind die mit kreativen
Innereien gefüllten Ofenkartoffeln.

Strände

Von Juni bis September beherrschen die Sonnenanbeter und
Wassersportler das Geschehen.
Erstere räkeln sich entlang der fast
40 km langen Sand- und Schotter-
strände und auf den weiträumigen
Liegewiesen. Sie verschaffen sich
in der tadellos sauberen Neuen
Donau schwimmend Abkühlung.
Speziell ausgewiesene FKK-Plätze
befinden sich im tiefen Südosten
der Insel. Vom Teamgeist beseelte
Ballfetischisten hingegen pilgern
zu einem der zahlreichen Felder
für Streetsoccer, Fuß-, Basket-
oder Beachvolleyball.

Grinzing und Nordwesten

Nicht verpassen!

- Auf Beethovens Spuren durch die Heiligenstädter Gassen spazieren
- Beim Karl-Marx-Hof darüber staunen, welche Leistungen sozialreformerische Politik zu vollbringen vermag
- Ein (oder mehr) »Achterl« Wein in einer lauschigen Sommernacht beim Grinzinger Heurigen genießen
- Eine idyllische Wanderung durch den Wald hinauf zum Kahlen- und Leopoldsberg unternehmen

Zur Orientierung

Ein Spaziergang durch die Gassen von **Heiligenstadt** oder **Grinzing** ist ein vortrefflicher Abschluss des Tages. Zum einen, weil dort manch kulturhistorische Sehenswürdigkeit, vom Beethoven-Haus über das Mahler-Grab bis zum Karl-Marx-Hof, dem Vorzeigeprojekt des »Roten Wien«, der Entdeckung harrt. Außerdem kann, wer gut zu Fuß ist, durch Weingärten und Wälder bis auf die Gipfel der beiden Wiener Hausberge, den **Kahlen**- und den **Leopoldsberg**, wandern. Zwei bis drei Stunden sind dafür ausreichend, und am Ziel wartet ein Traumblick hinab auf die Stadt und den Strom.

Vor allem aber empfiehlt sich ein Besuch des **Nordwestens** der Stadt, weil es kaum Entspannenderes gibt, als die letzten Sonnenstrahlen in einem Heurigen zu Füßen idyllischer Weinberge zu genießen. Viele ehemalige Dörfer an der Peripherie, die im 19. Jh. eingemeindet wurden, haben ihre Tradition als Weinbaugemeinden bis in die Gegenwart bewahrt. Nussdorf, Sievering, Salmannsdorf und Neustift zum Beispiel, aber auch Mauer und Oberlaa im Süden sowie Strebersdorf und Stammersdorf nördlich der Donau gelten unter Einheimischen als Refugien der Gemütlichkeit, in denen sich an lauen Sommerabenden gut sitzen lässt. Diesbezüglich meist frequentierter Ort ist, allen Unkenrufen über eine allzu hemmungslose Touristisierung zum Trotz, das weltberühmte, mit namhaften Heurigenlokalen reich bestückte Winzerdorf Grinzing.

Grinzing ist mit Heurigenschenken reich bestückt

Tour Grinzing und Nordwesten

Grinzing und Heiligenstadt

– ❺ – *Karl-Marx-Hof ›
**Grinzing › Beethoven-
Gedenkstätten › Kahlen- und
Leopoldsberg

Dauer: 3–4 Stunden (ohne
Heurigenbesuch)
Praktische Hinweise: Grinzing
sowie der Kahlen- und Leo-
poldsberg sind per Bus mit der
Linie 38 A von der U-Bahn-
station »Heiligenstadt«, Linie
U 4, erreichbar. Den Karl-
Marx-Hof erreicht man von
der U 4 zu Fuß.

*Karl-Marx-Hof ❶

Der Karl-Marx-Hof im 19. Bezirk
entstand 1927–1930 und wurde
als Symbol für das »Rote Wien«
gesehen, wie die damals sozial-
demokratisch regierte Stadt
bezeichnet wurde. Sie hatte nach
dem Zusammenbruch der Donaumonarchie und der Reduzierung
des Staatsgebietes auf ein Siebtel
seiner Größe ein enorm schweres
Erbe angetreten. Ein Drittel aller
Österreicher lebte in Wien. Es
fehlte an menschenwürdigem
Wohnraum. Innerhalb von nur 15
Jahren gelang es, 60 000 neue
Wohnungen zu schaffen, die die
Arbeiter aus ihren schäbigen
Mietskasernen befreiten. Allein
1600 Einheiten umfasste der

1200 m lange Karl-Marx-Hof im
Bezirksteil Heiligenstadt.

Wer ihn betritt, hat schnell den
Eindruck einer abweisenden und
wehrhaften Burganlage. Welch
realen Hintergrund die Idee von
der Solidarisierung nach innen
und der Abwehr nach außen
hatte, erwies sich 1934, als der
spätexpressionistische Riesen-
block während des Bürgerkriegs
im Zentrum der Auseinander-
setzungen zwischen den regie-
rungstreuen Truppen der austro-
faschistischen Heimwehr und den
Widerstandskämpfern des republikanischen Schutzbunds lag.
(Heiligenstädter Str. 82–92)

12 **Grinzing

Für Wienbesucher ist
Grinzing – benannt nach dem
Geschlecht der Grunzingen, die
hier schon im 12. Jh. ihren Adel-
sitz hatten – oft der Inbegriff
eines Heurigenorts (› S. 128).
Entlang der Sand- und Cobenzlgasse sowie der Grinzinger
Straße reihen sich die Garten-
schenken. Sie haben Namen wie
»Reblaus«, »Bach-Hengl«, »Feuer-
wehr-Wagner«, »Martin Sepp-
Beisel« oder »Zum 6er« und bieten
ihren jeweils mehreren hundert
Gästen ein reichhaltiges Buffet
sowie die bewährte Live-Instru-
mentalmusik mit Gesang. Dabei
gäbe es selbst in Grinzing Alter-
nativen, wie der Buschenschank
Haslinger beweist.

Heiligenstadt und Grinzing für Musikliebhaber

Ein Ausflug hinaus an die nordöstlichsten Ausläufer des Wienerwalds empfiehlt sich freilich nicht nur für Wein-, sondern auch für Musikliebhaber. Denn auf einem Spaziergang durch die Weingärten, etwa entlang dem Schreiberbach oder hinüber in das Kahlenbergerdorf, folgt man den Spuren von Franz Schubert und Ludwig van Beethoven, die sich hier gerne von der Natur inspirieren ließen.

Auf dem kleinen **Friedhof von Grinzing** 2 ruht Gustav Mahler, und in **Heiligenstadt** stehen zwei Häuser, in denen der rastlose Beethoven einige Lebensmonate verbrachte: das Beethovenhaus 3 (Pfarrplatz 2), in dem er an der Sechsten Symphonie arbeitete, und das *Heiligenstädter-Testament-Haus 4 (Probusgasse 6), in dem er seinen berühmten Letzten Willen verfasste und der Welt seine Schwerhörigkeit gestand (beide Di–So 10–13, 14–18 Uhr).

Kahlen- und Leopoldsberg

Der Weg auf den **Kahlenberg** führt von Grinzing über den gleichnamigen Steig, durch das Mukental und hügelan durch Weingärten und Wald. Auch auf einer Panoramastraße kann man den Hausberg erreichen, auf der **Höhenstraße**, die vom Leopoldsberg etwa 15 km weit über Kahlenberg und Cobenzl zur Rohrerwiese und am »Häuserl am Roan« vorbei bis nach Neuwaldegg führt.

Die besten Heurigen

■ **Bitzinger's Augustinerkeller**
Feine Weine, (Buffet-)Speisen und mehr als einen Hauch Grinzinger Flair in zentralster Stadtlage, unmittelbar neben Staatsoper und Albertina (> S. 56, 60)

■ **Wieninger**
21., Stammersdorfer Str. 78
Tel. 292 41 06
www.heuriger-wieninger.at
(U 6 Floridsdorf, Straßenbahn 31)
Willkommen beim Pionier und mittlerweile Star unter Wiens jungen Weltklasse-Winzern (Spezialitäten: Chardonnay und »G'mischter Satz«)

■ **Reinprecht**
19., Cobenzlgasse 22
Tel. 320 14 71
www.heuriger-reinprecht.at
(Straßenbahn 38)
Der in einer ehemaligen Klosteranlage im Herzen von Grinzing beheimatete Weingut-Heurige zählt zu den zu Recht bekanntesten Traditionsadressen. Beachtenswert: die riesige Sammlung von Korkenziehern

■ **Zahel**
23., Maurer Hauptplatz 9
Tel. 889 13 18
www.zahel.at
(U 4 Hietzing – Straßenbahn 60, Bus 60 A)
Noch ein Star der jungen, qualitätsbewussten Winzergarde, zu Hause am südlichen Rand von Wien

Generell gilt:
Die Heurigen haben variable Öffnungszeiten, daher ist es besser vorher telefonisch nachzufragen!

Grinzing und der Nordwesten

0   500 m

Höhenstraße

Höhenstraße

Leopoldsberg
▲ 425
6

Kahlenberg
▲ 484

Villenweg

Waldbachsteig

St.-G

✚ St. Joseph
5
Modul
University   **Josefsdorf**

Kahlenbergerdorf

Kahlenberger Str.

Eisernenhandg.

Weinberg

Junghernsteig

Unterer Weisleitenweg

Mukenthalerweg

▲ 332

Weinberg

Kahlenberger Str.

Elchelhofweg

Krapfenwaldlbad

Nußberg

Krapfenwaldlgasse

Wildgrube

Weinb

Weinberg

Ob. Reisenbergweg

Cobenzlgasse

Krapfenwaldgasse

Heiligenst.
Friedhof

Weingrube

Paula-Wessely-Weg

Unterer Schreiberweg

Himmelstraße

Schreiberweg

Langacke

Grinzing

Straßerg.

Rosenweg

Mannagettag.

Sandgasse

Ma.-Schmerzen

Grininger
Friedhof
2

A.d Ign. Lüssen

Grinzinger Str.

Reinischg.

Entlg.

Aslang.

Huschka

Hungerberg
▲
242

Hornsperzsteig

Käasgrabengasse

Hungerbergstr.

Haubenbigist

Schu...

steig

Grinzinger Allee

Paradisgasse

Formanekg.

Silberg

Daringerg.

Karte Seite 126

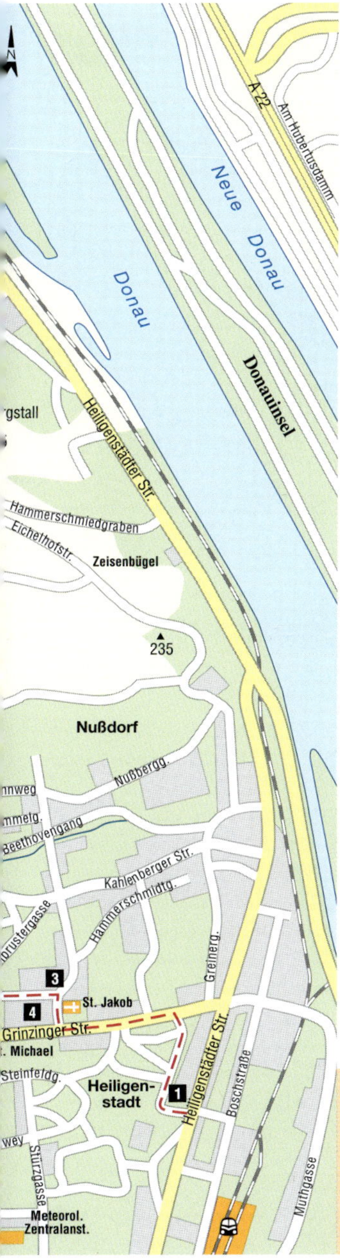

Sie lockt Wochenende für Wochenende Tausende von Ausflüglern an. Dumm nur, dass sie alle mit dem eigenen Auto kommen, dessen Auspuffgase den Wienerwald ernsthaft gefährden.

Auf dem Kahlenberg steht die **Kirche St. Joseph** **5** mit der Sobieski-Kapelle. Sie erinnert an die Schlacht vom 12. September 1683, in der die abendländischen Heere unter Karl von Lothringen und dem Polenkönig Jan Sobieski die türkischen Besatzer in die Flucht schlugen. Am Morgen dieses Schicksalstages soll Marco d'Aviano in der Vorgängerkirche eine Messe gelesen haben, die die Wiener später für den glücklichen Ausgang des Kampfes mitverantwortlich machten. In Wahrheit hielt der Kapuzinerpater seinen Gottesdienst nicht hier, sondern in der Kirche auf dem ***Leopoldsberg**. Denn dieser nordöstlichste Hügel der Alpen hieß einst »Kahlenberg«, bevor man ihn zu Ehren von Kaiser Leopold I. umtaufte.

Die **Leopoldsburg** **6**, die bereits Markgraf Leopold III. um 1100 diente Herzog Albrecht I. 1287 als Zuflucht vor den aufständischen Wienern und im 15. Jh. den Wienern vor den Truppen Albrechts VI. Schließlich wurde sie von den Türken z.T. zerstört.

– 5 –
Grinzing und Heiligenstadt

1 Karl-Marx-Hof
2 Grinzinger Friedhof
3 Beethovenhaus
4 Heiligenstädter-Testament-Haus
5 Kirche St. Joseph
6 Leopoldsburg

Der Wiener Heurige

Für Uneingeweihte sind alle Lokalitäten, in denen man in malerischen Innenhöfen oder Gewölben Wein trinkt, der Musik lauscht und Stelze oder kaltes
Geflügel mit Gurkensalat und Salzstangerl isst, Heurige. Kennern blutet ob
solcher Pauschalbezeichnung freilich das Herz. Denn vieles, was einem
echten Heurigen auf den ersten Blick täuschend ähneln mag, ist auf den
zweiten eine schnöde Gaststätte oder Weinschenke, die, um Touristen anzu-
locken, zwar auch ein reichhaltiges Buffet, Instrumentalmusik und Gesang
anbietet, in Wirklichkeit aber die Heurigenstimmung nur vorgaukelt. Die
Preise sind in solchen Massenbetrieben meist hoch und die Weine – dies
macht den entscheidenden Unterschied – von irgendwo zugekauft und
zudem häufig unbekömmlich.

Echte Heurigenlokale hingegen, man nennt sie auch »Buschenschenken«,
sind meist kleiner, stiller und preiswerter. Sie kredenzen in den charakteristi-
schen Viertelliter-Henkelgläsern ausnahmslos Eigenbauweine – vorwiegend
aus der letzten Ernte stammende, die deshalb den etwas verwirrenden Namen
Heurige tragen. Sie gelten im Allgemeinen als leicht, also alkoholarm, fruchtig
und spritzig. Besonders gefragt ist bei Stammgästen dabei der sogenannte
Gemischte Satz, eine Mischung verschiedener im Weingarten ausgepflanzter

Rebsorten, deren Trauben gemeinsam gelesen und gekeltert werden. Auch
hier wird musiziert, allerdings nicht, wie mancherorts bereits, mit
Hammondorgel und Verstärker, sondern beinah wie zu Zeiten der Brüder
Schrammel. Die hatten vor 100 Jahren mit ihrem Quartett das Genre der
Schrammel-Musik begründet. Einziger Unterschied zu damals: Statt
eines Klarinettisten spielt heute neben zwei Geigern und dem Gitarristen
ein Ziehharmonikaspieler.

Die Ursprünge der Heurigen liegen im Spätmittelalter, als Weingärten
große Flächen außerhalb und innerhalb der Stadtmauern einnahmen.
Damals gehörten so genannte Kellerausrufer zum gewohnten Straßenbild.
Sie warben lauthals für neu eröffnete Kellerlokale und verteilten aus kleinen
Fässern Kostproben. Die Ernteerträge waren damals so enorm, dass kaiser-
liche Erlässe nicht nur das Anlegen neuer Gärten verboten, sondern wenig
später sogar befahlen, saure Weine zum Anrühren des Mörtels für den
Stephansdom zu verwenden.

Durch die Türkenbelagerung erlitten die Weingärten dann großen Schaden.
Weinsteuern, das Aufkommen von Bier und Kaffee und schließlich die Reblaus hatten den Weinbau beinahe vollkommen ruiniert. Die Winzer verarm-
ten. Sie kamen erst nach dem Zweiten Weltkrieg allmählich wieder zu
Wohlstand. Gegenwärtig sind es immerhin rund 650 meist kleine registrierte
Weinbaubetriebe (darunter ein knappes Drittel konzessionierte Buschen-
schenker), die über 700 ha Rebfläche bewirtschaften. Sie ernten im Durch-
schnitt 2,5 Mio. l im Jahr, von denen rund 95% in Heurigen verkauft werden.

Ein strenges Gesetz soll die echten Buschenschenken vor der Konkurrenz
durch hemmungslos kommerzialisierte Pseudo-Heurige schützen. Einerseits
beschränkt es zwar die Dauer der jährlichen Ausschankzeit, erlaubt aber, in
diesen Monaten an der Hausmauer als Qualitätskennzeichen einen grünen
Föhrenbusch und eine Tafel mit der Inschrift »Ausg'steckt« anzubringen.

Wer originäre Heurige sucht, findet sie in den Tageszeitungen unter der
Rubrik »Ausg'steckt« sowie im Zentrum der Weinbauorte an speziellen
Informationstafeln. Seit 1989 weisen darüber hinaus an den Eingängen zu
Qualitätsbetrieben Gütezeichen mit dem Schriftzug »Original Wiener Heuri-
ger« darauf hin, dass dort eigene Hausweine ausgeschenkt werden.

Bodenständige Buschenschenken lassen sich durchaus auch in unmittelbarer Nachbarschaft der Grinzinger und Neustifter Nobel- und Massen-
heurigen entdecken. Doch um einiges größer ist die Trefferquote in den von
Touristen selten frequentierten Winzerrevieren, etwa in Sievering, Salmannsdorf, Pötzleinsdorf oder im Kahlenbergerdorf (alle an den Abhängen des
Wienerwalds), in Mauer, Kalksburg und Rodaun (südliche Stadtgrenze) oder
– jenseits der Donau – in Stammersdorf und Strebersdorf. Im Zentrum all
dieser Orte informiert eine Hinweistafel darüber, welche Lokale am aktuellen
Tag offen haben.

Ausflüge

- Klosterneuburg
- Nationalpark Donauauen
- Die Thermenregion
- Baden und Umgebung
- Laxenburg
- Carnuntum

Klosterneuburg ❶

Dauer: ½ bis 1 Tag

Praktische Hinweise: Klosterneuburg liegt 12 km nordwestlich von Wien, per Bahn: ab 9., Franz Josefs Bhf. oder ab U 6 Spittelau mit S 40 bzw. ab U 4 Heiligenstadt mit Bus 238, 239 (jeweils 25 Min. und 10 Min. beschilderter Fußweg zum Stift). Tgl. 10–17 Uhr; Führungen stündlich. Stiftsmuseum Mai–Mitte Nov. Di–So 9–18 Uhr. Führungen mit Verkostung in der Klosterkellerei tgl. 16 Uhr, außer während der Lesezeit. www.stift-klosterneuburg.at Bus 239 fährt auch weiter zu den Museen (zum Essl-Museum fährt auch ein Gratis-Shuttlebus direkt von der Innenstadt, Abfahrt: 1., Albertinaplatz 2, Di–So 10, 12, 14, 16, retour 11, 13, 15, 18 Uhr). Museum Art Di–So 10–18, winters bis 17 Uhr, www.gugging.org. Sammlung Essl Di–So 10–18 Uhr, Mi 18–21 bei freiem Eintritt; www.sammlung-essl.at).

Klosterneuburg liegt gleich hinter der Stadtgrenze Wiens an der Donau und hat einen schönen, 700 Jahren alten Ortskern.

****Augustiner-Chorherrenstift**

Doch wer hat dafür schon Augen, wenn ein solch monumentales Augustiner-Chorherrenstift alle Aufmerksamkeit auf sich zieht? Die Legende besagt, dass Agnes, die Gemahlin des Babenbergers Leopold III., ihren Brautschleier an den Wind verlor, als sie auf dem Söller der Burg auf dem heutigen Leopoldsberg stand. Wunderbarerweise fand man ihn später unten in den Donauauen wieder. Der fromme Markgraf deutete dies als Zeichen, dass er an dieser Stelle ein Kloster erbauen sollte. Wenig später übergab er es den Augustinern, die daraus durch ihre geografischen und astronomischen Forschungen das wissenschaftliche Zentrum des Landes machten.

Nachdem das wehrhafte Stift beiden Türkenbelagerungen standgehalten hatte, beschloss Karl VI., es nach dem Vorbild des Escorial bei Madrid zu einem barocken Klosterpalast auszubauen. Es sollte zu einem Symbol der Habsburgermonarchie und des Heiligen Römischen Reiches Deutscher Nation werden, bestehend aus zahllosen Gebäuden mit insgesamt neun Kuppeln, gruppiert um vier Höfe.

Doch der Bau, nach Plänen Joseph Emanuel Fischer von Erlachs durch den Mailänder Architekten Donato Felice d'Allio in Angriff genommen, wurde aus finanziellen Gründen und weil der Auftraggeber 1740 starb, nie vollendet. Erst 100 Jahre später brachte Josef Kornhäusel das Kloster in einer kleineren Variante zum Abschluss. Doch auch dieses Resultat vernünftiger Selbstbescheidung ist eindrucksvoll genug.

Der Gebäudekomplex gliedert sich in zwei große architektonische Teile. Im romanisch-gotischen Bereich verdienen vor allem der **Kreuzgang**, die große **Lichtsäule** und die barockisierte **Stiftskirche** mit ihrem prächtigen Chorgestühl, der Kanzel und der großen Orgel Beachtung. Der Barocktrakt umfasst an sehenswerten Elementen die **Kaiserstiege**, die **Kaiserzimmer** und den **Marmorsaal**. Überragt wird er von zwei riesigen kupfernen **Kuppeln**, deren eine die Nachbildung der deutschen Kaiserkrone, die andere den österreichischen Erzherzogshut trägt.

Dschungeltour

Östlich von Wien erstreckt sich fast 50 km lang jene einzigartige Naturlandschaft, die 1984 dank aufsehenerregender Demonstrationen vor der Zerstörung durch ein Flusskraftwerk gerettet und 1996 zum weltweit ersten **Auen-National-park** erklärt wurde. Die Fahrt per Ausflugsboot oder Kanu durch die labyrinthischen Altarme garantiert ein unvergessliches Abenteuer. Eingangs empfehlenswert: der Besuch des Nationalpark-Zentrums in **Schloss Orth** mit Aussichtsturm und Unterwasserstation, Regionalmuseum, Foto- und Multimedia-Ausstellung (Schloss Orth, Schlossplatz 1, Tel. 022 12/35 55, März–Sept. tgl. 9–18, Okt. bis 17 Uhr, Nov.–Feb. nach Anmeldung, www.donauauen.at; ab Wien-Mitte per Postbus bis Orth/Donau).

Die größte **Stiftsbibliothek** Österreichs besitzt über 160 000 Bänden, ein **Museum** mit wertvollen Goldschmiede-, Bronze- und Elfenbeinarbeiten sowie eine Schatzkammer. Nicht vorbeigehen dürfen Sie an der größten Kostbarkeit des Stiftsinventars: dem **Verduner Altar** in der Leopoldskapelle. Dieser Höhepunkt mittelalterlicher Emaillierkunst wurde Ende des 12. Jhs. von dem lothringischen Kunstschmied Nikolaus von Verdun geschaffen und besteht aus 51 vergoldeten Täfelchen, die Szenen aus dem Alten und Neuen Testament zeigen. Auch dem labyrinthischen **Weinkellerensemble** sollten Sie einen Besuch abstatten. Was die klostereigene Kellerei produziert, verdient höchstes Lob.

*Sammlung Essl

Freunden der modernen Kunst schon des längeren wohlbekannt ist die Sammlung Essl (1 km von Klosterneuburg). Sie enthält Schlüsselwerke vieler namhafter Künstler der letzten 50 Jahre aus dem In- und Ausland.

Museum Art/Brut Center

Eine weitere Attraktion Klosterneuburgs ist das im Ortsteil Maria Gugging (6 km ab Zentrum) gelegene Museum Art/Brut Center. Es zeigt eine Auswahl von Werken der weltbekannten von Leo Navratil kunst-psychotherapeutisch betreuten Gugginger Künstlergruppe rund um August Walla und Johannes Garber.

Touren rund um Wien — Klosterneuburg

Leitzersdorf

Wachau

Stockerau

Stockerau-West

Stockerau-Ost

A22

Donau

Harmanns-dorf

Leoben-dorf

Korneuburg

Korneuburg

Stetten

Enzers-feld

Groß-ebersdorf

Wolkers-dorf

St. Andrä-Wördern

Museum Art/Brut Center

14

Klosterneuburg 1

Augustiner-Chorherrenstift

3

Hagen-brunn

Seyring

7

Deutsch Wagram

Naturpark Eichenhain

Sammlung Essl

Strebersdorf

14

8

Grinzing

Knoten W.-Floridsdorf

Floridsdorfer Brücke

Donaupark

Vienna Internat. Centre

Reichsbrücke

A23

1

221

Kaisermühlen

227

Knoten Wien-Kaisermühlen

3

Wien-Auhof

44

A1

1

Lainzer Tiergarten

St. Marx

221

Knoten W.-Prater

Simmeringer Haide

Landstr.

Lobau

Donau

Auen-Nationalpark Schloss Orth

13

Altmannsdorf

17

Triester Str.

A23

Sterngasse

Favoriten

225

Schwechat

A4

Budapest ← Carnuntum →

Schwechat

9

Flughafen W.-Schwechat

Perchtolds-dorf 2

Knoten W.-Inzersdorf

A2

Brunn a. Geb.

Knoten Vösendorf

Mödling

Gießhübl

Liechtenstein

S1

11

Lanzendorf

10

9

Naturpark Sparbach

St. Pölten, Linz

A21

Hinter-brühl

Mödling 3

17

Wr. Neudorf

Himberg

15

Eber-gassing

Hinter-brühl

Naturpark Föhrenberge

Laxen-burg 8

16

Gaaden

Gumpolds-kirchen 4

Guntrams-dorf

Knoten Guntramsdorf

Moosbrunn

Gramat-neusiedl

Heiligenkreuz 6

Mayerling 7

Baden 5

Trais-kirchen

A2

Münchendorf

A3

Traiskirchen

Baden

Trumau

Ebreichsdorf-Nord

Ausflüge

N

0   5 km

Bad Vöslau

17

Wr. Neustadt

Ober-waltersdorf

Ebreichsdorf-West

Ebreichs-dorf

Eisenstadt

Die Thermen- und Weinregion

Wien › Perchtoldsdorf ›
Mödling › Gumpoldskirchen

Dauer: Mindestens 1 Tag,
wwer länger bleiben möchte,
findet in den Winzerdörfern
enügend Übernachtungsmög-
lichkeiten.
Praktische Hinweise: S 9 von
Wien Südbahnhof bzw. U 6
Meidling nach Perchtoldsdorf
(13 Min.), Mödling (18 Min.)
und Gumpoldskirchen
(34 Min.). Zur Burg Liechtenstein gelangt man zu Fuß von
Maria Enzersdorf in 15 Min.
oder ab Schnellbahn Mödling
Bus 262 bis Urlaubskreuz-
straße, 6 Min. Fußweg.

Südlich von Wien reihen sich auf
einer nur 30 km langen Strecke
idyllische Orte, in denen die Wiener schon während des Biedermeiers gerne ihre Sommerfrischen
verbrachten. Die Gegend heißt
dank ihrer heilkräftigen Quellen
auch Thermenregion und ist in ein
berühmtes Weinbaugebiet einge-
bettet. Ihr Hinterland, der südliche
Wienerwald, ist ein ideales Wan-
dergebiet, in dem es an Wander-
wegen und Einkehrmöglichkeiten
wahrlich nicht mangelt.

Das Weinbaugebiet am Rande
des südlichen Wienerwalds liefert
zwar hervorragende, in aller Welt
geschätzte Produkte, aber Gott sei
Dank ist der Bekanntheitsgrad der
Gemeinden höchst unterschied-
lich.

*Perchtoldsdorf 2

Ein erster, sehr malerischer Winzer-
ort liegt bloß ein paar hundert
Meter hinter Wiens Stadtgrenze:
»Petersdorf«, wie er im Volksmund heißt, besitzt bodenständige
Buschenschanken, die noch kaum
von Reiseveranstaltern entdeckt
wurden. Kunstinteressierte blicken
nicht nur ins Heurigenglas, sondern auch in die dreischiffige
Hallenkirche, das stattliche Rathaus und die Herzogsburg, eine
Anlage aus dem 14. Jh. mit
Karner und einem der schönsten
frei stehenden Wehrtürme des
deutschen Kulturraums.

Vom benachbarten Maria
Enzersdorf führen Spazierwege
hinauf zur Burg Liechtenstein –
einem der ganz wenigen großen
im Kern romanischen Profan-
bauten Niederösterreichs, der
allerdings nicht von innen zu
besichtigen ist.

Mödling 3

Nicht minder liebenswert ist das
nahe Städtchen Mödling mit seinen spätgotischen und barocken
Bürgerhäusern. In seine Beschau-
lichkeit zogen sich im 19. Jh. viele
Künstler aus der Großstadt
zurück, unter anderen Beethoven,
Schubert, Hugo Wolf und Franz
Grillparzer.

Ein beliebter Ausflug führt von
hier wenige Kilometer westwärts
in die Hinterbrühl. In diesem
ebenfalls schon im 19. Jh. von vielen Künstlern ob seiner Romantik
gepriesenen Seitental ist zum
einen bis heute die Höldrichs-
mühle in Betrieb, jener berühmte

Einkehrgasthof, dessen idyllische Lage angeblich Schubert zur Komposition seines Liederzyklus »Die Schöne Müllerin« und zum »Lindenbaum« anregte. Zum anderen befindet sich dort die *Seegrotte, der mit 6200 m² größte Höhlensee Europas (Bootsfahrten: April–Okt. tgl. 9–17, Nov.–März Mo–Fr 9–12 und 13–15, Sa, So und Fei 9–15.30 Uhr).

*Gumpoldskirchen ❹

Geradezu ein Muss ist, nicht nur für Freunde edlen Rebensafts, ein Besuch im weltberühmten Winzerdorf Gumpoldskirchen, wo eine Vielzahl malerischer und auch künstlerisch wertvoller Hauerhäuser zum Flanieren lockt. In einem von ihnen nicht ein Gläschen Rotgipfler oder Rheinriesling zu verkosten, grenzt geradezu an eine Sünde wider das eigene Wohlbefinden. Hier befindet sich auch eines der ältestes Weingüter Österreichs: Freigut Thallern wird seit 1141 ununterbrochen von den Zisterziensern des Stiftes Heiligenkreuz bewirtschaftet. Im Mai werden die Pforten des Deutsch-Ordensschlosses für ein Weinfest geöffnet.

*Baden ❺ und Umgebung

Wien › Baden ›
Heiligenkreuz › Mayerling

Dauer: 1–2 Tage
Praktische Hinweise: S 9 von Wien Südbahnhof bzw. U 6 Meidling nach Baden (26 bis 40 Min.) oder aber im Regionalzug ab Südbahnhof. Nach Heiligenkreuz ab Baden-Bhf. per Bus (div. Linien, 19 Min.), nach Mayerling (26 Min.).
Info zu Baden: www.baden.at; Römertherme tgl. 10–22 Uhr, www.roemertherme.at;
Stift Heiligenkreuz (Führungen: tgl. um 10 , 11, 14, 15, 16 Uhr, So, Fei erste Führung um 11 Uhr, im Winterhalbjahr nur nach Anmeldung, Tel. 022 58/87 03-0, www.stift-heiligenkreuz.at).
Jagdschloss Mayerling tgl. 9–18, im Winter nur bis 17, So, Fei ganzjährig erst ab 10 Uhr.

Baden liegt an der so genannten Thermenlinie, einem in Nord-Süd-Richtung verlaufenden geologischen Bruch. Das Rheuma-Heilbad mit der Heilwirkung seiner bis zu 36 °C warmen Schwefelquellen haben schon die Römer genossen. In der Monarchie tummelten sich in den Bädern und im weitläufigen Kurpark Kaiser, Könige und prominente Staatsmänner. Die Gästeliste liest sich aber auch wie ein »Who is who« der Kunst: Mozart, Beethoven und Schubert wohnten hier, Strauß Vater und Sohn, Carl Maria von Weber, Liszt, Ferdinand Raimund, Adalbert Stifter, die Maler Waldmüller, Schwind und Rudolf von Alt …

Was Wunder, dass sich in der Fußgängerzone eine klassizistische Fassade an die andere reiht. Auch wenn es heute das gewöhnliche Volk ist, das Baden aufsucht, um seine Wehwehchen bei viel kultureller Kurzweil auszukurieren, seine beschauliche altösterreichische Atmosphäre hat sich das Städtchen bewahrt.

Von speziellem Interesse sind hier das so genannte Kaiserhaus, die Stephanskirche, das städtische Rollett- sowie das Puppen- und Spielzeugmuseum, das Beethovenhaus und das im Kurpark gelegene Kasino, immerhin das größte Europas. Wellness pur lässt sich das ganze Jahr über in der **Römertherme, einer hypermodernen, 900 m² großen Badelandschaft**, tanken.

Echt gut!

Hotel

■ **Hotel Herzoghof**
Kaiser-Franz-Ring 10
Tel. 022 52/872 97,
www.hotel-herzoghof.com
Elegantes Stadthotel im Gründerzeitstil nur zwei Gehminuten von der Fußgängerzone entfernt. ●●●

Heiligenkreuz 6

Westlich von Baden, in Heiligenkreuz, steht das älteste Zisterzienserkloster Niederösterreichs. Ein Rundgang führt in die romanische Stiftskirche mit ihren Altarbildern von Johann Michael Rottmayr und Martin Altomonte, in das frühgotische Brunnenhaus, den Kreuzgang, den Kapitelsaal und in die Sakristei mit ihren wunderbaren Intarsienmöbeln.

Mayerling 7

Mayerling, mit seinem ehemaligen, mittlerweile von Nonnen bewohnten Jagdschloss, ist gleich-

sam Synonym für eine Tragödie des österreichischen Kaiserhauses. Das verschlafene Nest erlangte 1889 durch den Doppelselbstmord von Kronprinz Rudolf und seiner Geliebten Mary Vetsera traurige Berühmtheit.

*Laxenburg 8

Dauer: Halber bis ganzer Tag.
Praktische Hinweise: Ab U 1 Südtirolerplatz Bus 566 (33 Min.).
Schloss Laxenburg,
Tel. 022 36/712 26-0;
Franzensburg: Ostern bis Nov., Führungen tgl. 11, 14, 15 Uhr,
www.schloss-laxenburg.at

Nur 15 km südlich des Stadtzentrums liegt das ehemals kaiserliche Jagd- und Lustschloss von Laxenburg. Im Herzen seines herrlichen, 200 ha großen Parks erhebt sich auf einer Teichinsel die klassizistische Franzensburg, in der Kaiser Franz II. Anfang des 19. Jh. aus diversen Klöstern und Ruinen überaus kostbare Ausstattungselemente wie Fenster, Türen und Täfelungen, Altäre, Möbel und vieles andere mehr zusammentrug. Der Teich und die angrenzenden Kanäle eignen sich wunderbar für eine Partie im zu mietenden Ruderboot und winters zum Schlittschuhlaufen. Sehenswert sind außerdem, gleich beim Eingang zum Park, das unter Maria Theresia errichtete Alte Schloss und der spätbarocke Blaue Hof.

*Carnuntum 9

Dauer: 2 Tage
Praktische Hinweise: U 1 ab
Praterstern oder U 3/U 4 Wien
Mitte mit Regio-S-Bahn 7 bis
Petronell-Carnuntum (ca. 1
Std.), Fußweg ca. 10 Min., Sa,
So, Fei vom Bhf. Gratis-Shuttle-
Bus zu den Park-Eingängen.
Archäologischer Park Ostern
bis Allerheiligen tgl. 9–17 Uhr
Museum Carnuntinum Mitte
März–Mitte Nov. Di–So 10–17,
Mo 12–17, winters nur Sa, So
11–17 Uhr.

40 km östlich von Wien liegen
Bad Deutsch Altenburg und
Petronell, Orte, die auf eine lange
Geschichte zurückblicken. Das
Südufer der Donau nahm einst
die 50 000 Einwohner zählende
Legions- und Zivilstadt Carnun-
tum ein, die den Limes bewachte.
Sie war das pannonische Zentrum
römischer Kultur, bis die Quaden
375 alles zerstörten.

Seit Jahrzehnten wird im
Archäologischen Park Carnuntum Neues entdeckt: u.a. gehören
das Heidentor, das Amphitheater
und Reste des Militärlagers zu
den wichtigsten Gebäuden im
Freigelände. Neuerdings ist auch
die Rekonstruktion eines altrömi-
schen Wohnhauses zu sehen.

Die Statuen, Altäre, Werkzeuge
und Schmuckstücke, die bei den
Grabungen gefunden wurden,
kann man im Museum Carnuntinum in Bad Deutsch Altenburg
(ca. 10 km östlich) bewundern.

Auch der Wein wird in der
Region immer besser, so dass man
im Sommer für zwei Wochen zu
einem Erlebnisfestival »Carnuntum Experience« einlädt (www.
carnuntum-experience.com).

Hotels und Restaurants

■ **Weingut Edelmann,**
Rosenbergstr. 31
2464 Göttlesbrunn
Tel. 021 62/84 55
www.edelmann.co.at
Da Carnuntum auch Weingegend ist,
bietet sich eine Übernachtung auf
einem Weingut geradezu an. Die
Winzerfamilie Edelmann bietet ruhige
Gästezimmer im Landhausstil. ●●

■ **Der Jungwirt**
Landstrasse 36
2464 Göttlesbrunn
Tel. 021 62/8943
www.derjungwirt.at
Do 17–23, Fr–So 11–23 Uhr
Johannes Jungwirth ist Koch mit Liebe
für die Produkte der Bauern aus der
Region. So wird eine ansprechende
österreichische Küche serviert, die
durch gute Weine ergänzt wird. ●●

Im Schatten von Carnuntum wuchs
Wien zur Stadt heran

Infos von A–Z

Ärztliche Versorgung

Mit der Europäischen Krankenversicherungskarte (EHIC), die Sie von Ihrer gesetzlichen Krankenversicherung im Heimatland bekommen, erhalten Sie in Österreich bei Vertragsärzten und in Krankenhäusern medizinische Leistungen nach österreichischem Recht. Legen Sie dazu einfach Ihre EHIC vor. Es ist möglich, dass das Krankenhaus einen Überweisungsschein eines Vertragsarztes benötigt, wenn es sich nicht um einen Notfall handelt. Zuzahlungen werden nach österreichischem Recht erhoben und von den Krankenkassen nicht erstattet. Unkomplizierter wird die Reise, wenn man eine Reisekrankenversicherung abgeschlossen hat.

- Ärztezentrale: Tel. 531 16-0
- Ärzte-Notdienst: Tel. 141 (Mo–Fr 19–7 Uhr, Sa, So, Fei rund um die Uhr; auch Zahnarzt!)
- Ambulanz, Notarzt (»Rettung«): Tel. 144
- Zahnärztlicher Nacht- und Wochenenddienst: Tel. 512 20 78
- Vergiftungs-Informationszentrale: Tel. 406 43 43
- Apotheken-Bereitschaftsdienst Tel. 15 50.
- Telefonseelsorge: Tel. 142

Behinderte

Viele Wiener Hotels sind behindertengerecht eingerichtet; in den meisten U-Bahn-Stationen gibt es Aufzüge. Schwieriger wird es aber in Straßenbahnen und Bussen sowie in einigen historischen Gebäuden.
Infos erteilt die Tourist Information (〉 S. 139); viele nützliche Hinweise findet man auch auf der Webseite www.info.wien.at unter »Speziell für Sie« – »Wien barrierefrei«.

Diplomatische Vertretungen

- **Deutsche Botschaft**
3., Metternichgasse 3
Tel. 7 11 54-0
www.wien.diplo.de
- **Schweizer Botschaft**
3., Prinz-Eugen-Str. 7
Tel. 7 95 05
www.eda.admin.ch/wien

Einreise

Bis zu einem Aufenthalt von drei Monaten benötigen Deutsche und Schweizer nur einen gültigen Personalausweis. Es gibt zwar zwischen Deutschland und Österreich keine Grenzkontrollen mehr, trotzdem sollten auch EU-Bürger stets einen Ausweis bei sich haben.

Feiertage

- Neujahr (1. 1.)
- Heilige Drei Könige (6. 1.)
- Ostermontag
- Tag der Arbeit (1. 5.)
- Christi Himmelfahrt
- Pfingstmontag
- Fronleichnam
- Mariä Himmelfahrt (15. 8.)
- Nationalfeiertag (26. 10.)
- Allerheiligen (1. 11.)
- Mariä Empfängnis (8. 12.) sowie Weihnachten (25./26. 12.).

Fundbüro

Nach verlorenen Gegenständen sollte man zuerst bei der nächstgelegenen Polizeistelle fragen oder bei Verlust in öffentlichen Verkehrsmitteln bei den Wiener Verkehrsbetrieben (Tel. 79 09-0). Erst nach einigen Tagen landen gefundene Gegenstände im **Zentralen Fundamt**, Tel. 09 00 600 200 (Mo–Fr 7–17 Uhr, 1,35 €/Min.) oder www.fundamt.gv.at.

Geld und Währung

Die Währungseinheit ist, wie in den anderen Ländern der Euro-Zone, der Euro.

Per ec-Karte mit Maestro-Zeichen oder per Kreditkarten kann man an allen Bankautomaten Geld abheben.

Ausländische Währungen dürfen in unbegrenzter Höhe ein- und ausgeführt werden.

Kreditkarten werden fast überall akzeptiert. Bei Fragen oder Verlust wende man sich an: Tel. 116 116

Information

Schon vor Reiseantritt kann man sich bei austria.info telefonisch informieren bzw. Prospekte bestellen.

■ **In Deutschland:**
Tel. 018 02 10 18 18 (Mo–Fr 9–17.30 Uhr)
urlaub@austria.info

■ **In der Schweiz:**
Tel. 08 42 10 18 18
ferien@austria.info

■ **In Österreich**
Urlaubsservice, Postfach 83, 1043 Wien
Tel. 08 10 10 18 18
urlaub@austria.info
alle drei: www.austria.info

■ Natürlich kann man sich auch bei Wien Hotels & Infos beraten lassen:
Tel. 245 55
info@wien.info; www.wien.info.

In Wien erhält man bei folgenden Adressen Informationen und Hilfe:

■ **Tourist-Information,**
1., Albertinaplatz/Ecke Maysedergasse (Tel. 2 45 55, tgl. 9–19 Uhr);
sowie am Flughafen Schwechat, Ankunftshalle, Tel. 70 07-328 28 (tgl. 6–23 Uhr)

■ Jugendliche erhalten spezifische Auskünfte (sowie verbilligte Tickets für Veranstaltungen) in der **wienXtra-Jugend-info**, 1., Babenbergerstr. 1, Tel. 17 99, www.wienxtra.at (Mo–Sa 12–19 Uhr). Erste gute Anregungen gibt die hier erhältliche Broschüre »Junge Wiener Szene«.

■ Informationen über ganz Österreich bekommt man im Büro der **Österreich-Information**, 5., Margaretenstr. 1, Tel. 08 10 10 18 18 (zum Ortstarif), www.austria-tourism.com (Mo–Do 8–17, Fr 8–14 Uhr).

Über Ziele in der Umgebung Wiens informiert die **Niederösterreich Tourist Information**, Postfach 10 000, 1010 Wien, Tel. 536 10-0, Mo–Fr 9–17 Uhr, www.niederoesterreich.at

Notruf

■ Euronotruf 112
■ Polizei Tel. 133
■ Feuerwehr Tel. 122
■ Ambulanz, Notarzt-Wagen (»Rettung«) Tel. 144
■ Pannendienst Tel. 120 (ÖAMTC), 123 (ARBÖ)

Öffnungszeiten

Geschäfte: Die Ladenschlussgesetze haben sich in den letzten Jahren gelockert. Generell kann man Mo–Fr von 9–18/19, Sa von 9–17 Uhr einkaufen. Die Läden in den Bahnhöfen (Lebensmittel, Blumen, Tabakwaren, Zeitschriften etc.) haben tgl. 7–22.30 Uhr geöffnet.

Banken: Mo, Di, Mi, Fr 8–15, Do 8–17.30 Uhr; Filialen sind zwischen 12.30 und 13.30 Uhr geschlossen.

Museen: Mo sind sie meist geschlossen; alle weiteren Regelungen sind von Haus zu Haus verschieden.

Urlaubskasse	
Tasse Kaffee	2,20 €
Softdrink	2,50 €
Glas Bier	2,40 €
Wiener Würstchen	2,50 €
Kugel Eis	0,80 €
Taxifahrt (pro km)	1,20 €
Mietwagen/Tag	100 €

Stadtrundfahrten und -rundgänge

Mehrere Veranstalter bieten Stadtrundfahrten **per Bus** an, z.B. Cityrama (Tel. 53 41 30) und Vienna Sightseeing Tours (Tel. 71 24 68 30).

Wien **vom Wasser aus** zeigt die DDSG Blue Danube Schifffahrtgesellschaft (Tel. 588 80-0, www.ddsg-blue-danube.at).

In der warmen Jahreszeit geradezu ein Muss: eine **Rundfahrt im Fiaker.** Die Standplätze befinden sich auf dem Stephans-, Helden- und Albertinaplatz. Kosten für 20 Min.: ca. 40 € pro Kutsche, für 40 Minuten ca. 65 €.

Radführungen veranstaltet Pedal Power (Tel. 729 72 34, www.pedalpower.at), hier kann man auch Räder mieten.

Sie können auch im stilvollen **Miet-Oldtimer mit Chauffeur** Stadt und Umland erkunden; individuelle Betreuung, erschwingliche Preise; Tel. 06 64/411 88 93, www.oldiefahrt.at.

Unter dem Titel **Wiener Spaziergänge** bieten Fremdenführer sehr gute Thementouren an. Dauer ca. 1–2 Std., Preis: 13 € (exklusive Eintritte), Tel. 489 96 74 , 06 64/260 43 88, www.wienguide.at.

Zoll

Für Deutsche gibt es seit dem Beitritt Österreichs zur EU im Reiseverkehr im Prinzip keine Mengenbegrenzung.

Für Schweizer: Zollfrei sind pro Person über 17 Jahre 200 Zigaretten (oder 50 Zigarren oder 250 g Tabak), 3 l alkoholische Getränke. Bei der Wiedereinreise in die Schweiz gilt: Zollfrei sind Gegenstände des persönlichen Bedarfs - Tabakwaren und Alkoholika wie oben , außerdem Geschenke bis zum Gesamtwert von 300 CHF.

Gut zu wissen

■ **Zimmervermittlung:** über Wien-Tourismus, www.wien.info, info@wien.info, tgl. 9-19 Uhr via Tel. 24 555.
■ **Wien-Karte:** Freie Fahrt für 72 Std. auf allen öffentlichen Verkehrsmitteln plus Ermäßigungen bei den meisten wichtigen Museen und Sehenswürdigkeiten (18,50 €) > S. 18
■ **Niederösterreich-Card:** Für die ausgiebige Entdeckung von Wiens Umland. Die Karte berechtigt bei etwa 220 Attraktionen zu freiem Eintritt. Zusätzlich gibt es in Kooperation mit 270 Wirten und 35 Vinotheken ein Bonuspunktesystem. (Gültigkeitsdauer 1 Kalenderjahr, 45 €, bis 16 Jahre 20 €; www.niederoesterreich-card.at
■ **Hop on hop off:** Sightseeing für Wien-Neulinge – im Non-Stop-Linienbus zu allen wichtigen Attraktionen; Ein- und Ausstieg nach Belieben möglich, an 365 Tagen im Jahr ohne Voranmeldung. Tel. 712 46 83-0.

■ Aktuelle **Veranstaltungsübersicht**: www.falter.at (oder Wochenmagazin »Falter«), www.vienna.at bzw. Monatsprogramm im »Wien-Programm« von WienTourismus.
■ **Citybike:** Leihahrräder stunden- und tagesweise, Rückgabe nach Belieben an 54 Stationen > S. 18, www.citybikewıen.at
■ **Tickets für Museen und Sehenswürdigkeiten:** Immer nach Kombi-Tickets Familienkarten, u.a. Ermäßigungen fragen! Für die ständigen Austellungen des Wien Museums im Haupthaus (> S. 92) wie auch seinen Außenstellen ist der Eintritt sonntags, im MAK (> S. 76) samstags frei.
■ **Ge- und Verbote:** bei der Anfahrt im eigenen Pkw Vignettenpflicht für Autobahn! Hinter dem Lenkrad gilt die 0,5 Promille-Alkohol-Grenze. Für Hunde gilt im öffentlichen Raum Maulkorbpflicht.

Register

Bildnachweis

Albertina: 55; Albertina/Helmut Engelbrecht: 60; APA Publications/M. Read: U2-Top12-12, 137; Bildagentur Huber: 97; Bildagentur Huber/Dutton Colin: 18; Bildagentur Huber/S. Damm: U2-Top12-05; Bildagentur Huber/ Leimer: 9, 118; Bildagentur Huber/Mirau: 80, 104, 116; Bildagentur Huber/Fantuz Olimpio: 94; Bildagentur Huber/R. Schmid: 15, 43, 123, 128; Bildagentur Huber/PictureFinders: 73; Café Prückel: 26; Centermanagement Gasometer/Peter Korrak: 117; DDSG Blue Schiffahrt GmbH: 13; Dommuseum, Wien: 74; Dorotheum GmbH & Co KG/Raimo Rudi Rumpler: U2-Top12-01; Alexandra Eizinger: 19; Foto Begsteiger: 46; Fotolia.com/photoinsel: 2-1; Fotolia.com/Schwoab: 2-2; Friedhöfe Wien GmbH: U2-Top12-04, 2-3, 47; Jens Funke: 112; Gabriele Gassmann: 17, 83; Rainer Hackenberg: U2-Top12-09, 88; Herbert Hartmann: 92, 96, 99; Alexander Herburger: U2-Top12-03; K u. K. Hofzuckerbäcker Ch. Demel`s Söhne GmbH: U2-Top12-02, 30; IFA-Bilderteam/Walter Grubb: 50; Jüdisches Museum: 78; Kunsthistorisches Museum: 69; laif/hemis: 6; laif/Hoa-Qui: 16; laif/Gregor Hohenberg: 91; laif/Gernot Huber: 70, 110; laif/Kristensen: 108; LOOK-foto/age fotostock: 21; LOOK-foto/W. Bibikov: 122; LOOK-foto/E. Fieger: 1; LOOK-foto/Ingolf Pompe: U2-Top12-11, 34, 36, 84, 120; LOOK-foto/travelstock44: U2-Top12-07, 52, 107; mauritius-images/imagebroker: 130; Museumsquartier Wien: U2-Top12-08; Österreichische Nationalbibliothek: 63; Palais Events: 5, 82; Peterskirche, Wien: 62; Phoenix Supperclub Viena: 33; pixelio/anwyndarkelf: 93; Republik Österreich Parlamentsdirektion/Johanna Fiegl: 68; Restaurant Steirereck: 24; SASS Music Club: 35; Schloß Schönbrunn Kultur- und Betriebsges. m. b. H./Edgar Knaack: 71; Schloß Schönbrunn Kultur- und Betriebsges. m. b. H./Lammerhubber: 65, 102; Schloß Schönbrunn Kultur- und Betriebsges. m. b. H./M Spiluttini: U2-Top12-10; Schloß Schönbrunn Kultur- und Betriebsges. m. b. H./Gerhard Trumler: 103; Schloß Schönbrunn Kultur- und Betriebsges. m. b. H./Johannes Wagner: U2-Top12-06; Cathrine Stukhard: 28; Technisches Museum: 105; Wagner Werk Museum Postsparkasse: 44, 77; Kurt-Michael Westermann: 11, 48, 61, 113; Wikipedia/daderot: 76; Ernst Wrba: 54.

www.polyglott.de

Polyglott im Internet: www.polyglott.de

Impressum

Wir freuen uns, dass Sie sich für einen Reiseführer aus dem Polyglott-Programm entschieden haben. Auch wenn alle Informationen aus zuverlässigen Quellen stammen und sorgfältig geprüft sind, lassen sich Fehler nie ganz ausschließen. Wir bitten um Verständnis, dass der Verlag dafür keine Haftung übernehmen kann. Ihre Hinweise und Anregungen sind uns wichtig und helfen uns, die Reiseführer ständig weiter zu verbessern. Bitte schreiben Sie uns:

Polyglott Verlag, Redaktion, Postfach 40 11 20, 80711 München, redaktion@polygott.de

Wir wünschen Ihnen eine gelungene Reise!

Herausgeber: Polyglott-Redaktion
Autor: Walter M. Weiss (www.wmweiss.com)
Redaktion: B2 Text- und Redaktionsbüro Stuttgart / Gabriele Gaßmann
Bildredaktion: Ulrich Reißer und Nena Dietz
Layout: Ute Weber, Geretsried
Titeldesign-Konzept: Studio Schübel Werbeagentur GmbH, München
Karten und Pläne: Polyglott-Kartografie und Kartographie Huber
Satz: B2 Text- und Redaktionsbüro Stuttgart / Nena Dietz
Druck: Himmer AG, Augsburg
Bindung: »Butterfly«-Bindeverfahren zum Patent angemeldet durch
Kolibri Industrielle Buchbinderei GmbH 2008

© 2009 by Polyglott Verlag GmbH, München
Printed in Germany
Dieses Buch wurde auf chlorfrei gebleichtem Papier gedruckt.
ISBN 978-3-493-55726-8

Langenscheidt Mini-Dolmetscher Wienerisch

Selbst in Österreich erkennt man den Wiener sofort, so eigen ist sein Idiom. Und natürlich gibt es in der Hauptstadt alle Spielarten des Wienerischen, vom gepflegten Dialekt bis zur fast unerträglichen Hinterhofgoschen. Der Satz »Der hod a Goschn wiara Schwead« (»Er hat ein Mundwerk wie ein Schwert«) nimmt letzteres Talent fast ehrfurchtsvoll zur Kenntnis: Man zieht meist den Kopf ein, um nicht von heftigen Wortkaskaden tödlich getroffen zu werden.

Als Nicht-Wiener kommt man natürlich mit der deutschen Sprache bestens zurecht. Selbst Wienerisch sprechen zu wollen, sollte man besser bleiben lassen. Den richtigen Ton trifft man ohnehin nicht, und man würde eher Verachtung als Beifall für den Sprechversuch ernten. Einige häufig verwendete Ausdrücke des Wienerischen sollte man aber verstehen:

A

a geh!	ja so etwas!
aans	eins, eines
wiara Aanser [aansa]	hervorragend
abbusseln [obussln]	abküssen
abdraht [oodraad]	schlau
abestessen [oweschdässn]	herunterstoßen, schnell austrinken
Adabei [aadabei]	neugieriger Wichtigtuer (»Auchdabei«)
Aff	Affe, Rausch
Ahnel [Ahnl]	Ahn, Vorfahre
Ameisenwasser [aumaasnwossa]	Cola
anblasen [aablasn, ooblasn]	betrunken, beschwipst
andippeln [aadibbln, oodibbln]	sich einen Rausch antrinken
anhauen [auhaun]	anbetteln
angefressen [augfressn]	verärgert, verdrossen
ausgefressen [ausgfressn]	dick

B

babaa	adieu (unter Freunden)
barabern [barawan]	(schwer) arbeiten
Beserlpark [besalbaak]	sehr kleine Parkanlage
biberln [bipaln]	trinken
Bim	Straßenbahn
blad [blaad]	dick
bumsti!	hoppla

D

Dalk [dalg, doig]	Tollpatsch
dalkert [dalgad]	dumm
damisch	benommen, betäubt
dasig	still, eingeschüchtert
Datschkerl [dadschgal]	leichte Ohrfeige
Doppler [dobbla]	Zwei-Liter-Flasche (Wein)
Drüberstreuer [driwaschdraara]	letztes Glas zum Abschied
Dulliöh [duliä]	Schwips

E

eh	ohnehin
eingespritzt [eigschbrizzt]	beschwipst, alkoholisiert

F

fad [faad]	langweilig, geschmacklos
fadisieren [fadisian]	langweilen
Fallot [fallott]	Schelm, Gauner
Feitel [feiddl]	(Taschen-)Messer
fesch	gut aussehend
Fierant [fiärand]	Zulieferer, Markthändler
fischeln [fischln]	nach Fisch riechen
Fisimatenten	Dummheiten
Fleischhacker [fleischhocka]	Metzger
Fleiß	Absicht (nicht: Fleiß!)
Flitscherl [flidschal]	leichtsinniges Mädchen
Flohbeutel [flohbeidl]	unzuverlässiger Mensch
Fotz [foozz]	Mund, beleidigtes Gesicht
Fotzen [foozzn]	Ohrfeige
fuxen [fuxn]	sich ärgern

G

ganserln [gansaln]	ausplaudern, verraten (Gans)
Gatsch [gaadsch]	Brei, Sumpf
gell? [göh]	nicht wahr?
Gelse [gössn]	Stechmücke
gemma!	gehen wir!
Gerstl [geaschdl]	Geld
Gefrett [gfredd]	Ärger
giften [gifdn]	sich ärgern
Glump, Glumpert [glumbbad]	Kram, wertloses Zeug
Glust [gluusd]	Appetit, Lust
Goschen [goschn]	Mund